中国智能城市建设与推进战略研究丛书
Strategic Research on Construction and
Promotion of China's iCity

国家出版基金项目
NATIONAL PUBLICATION FOUNDATION

中国智能城市
建设与推进
战略研究

中国智能城市建设与推进战略研究项目组 编

ZHEJIANG UNIVERSITY PRESS
浙江大学出版社

图书在版编目（CIP）数据

中国智能城市建设与推进战略研究 / 中国智能城市
建设与推进战略研究项目组编. — 2版. — 杭州：浙江
大学出版社，2017.3
（中国智能城市建设与推进战略研究丛书）
ISBN 978-7-308-16736-9

Ⅰ．①中… Ⅱ．①中… Ⅲ．①现代化城市—城市建设
—研究—中国 Ⅳ．①C912.81

中国版本图书馆CIP数据核字(2017)第037529号

中国智能城市建设与推进战略研究
中国智能城市建设与推进战略研究项目组　编

出 品 人	鲁东明	
策　　划	徐有智　许佳颖	
责任编辑	许佳颖　金佩雯	
责任校对	张凌静	
装帧设计	俞亚彤	
出版发行	浙江大学出版社	

（杭州市天目山路148号　　邮政编码　310007）
（网址：http://www.zjupress.com）

排　　版	杭州林智广告有限公司	
印　　刷	浙江印刷集团有限公司	
开　　本	710mm×1000mm　1/16	
印　　张	11.75	
字　　数	174千	
版 印 次	2017年3月第2版　2017年3月第1次印刷	
书　　号	ISBN 978-7-308-16736-9	
定　　价	58.00元	

刘鸿亮	中国环境科学研究院	院　士
郝吉明	清华大学	院　士
侯立安	第二炮兵工程设计研究院	院　士
曲久辉	中国科学院生态环境研究中心	院　士
段　宁	中国环境科学研究院	院　士
张尧学	中南大学	院　士
宁津生	武汉大学	院　士
王家耀	解放军信息工程大学	院　士
张祖勋	武汉大学	院　士
李建成	武汉大学	院　士
沈　坚	浙江省交通规划设计研究院	副院长、教授级高级工程师
余红艺	中共宁波市委	副书记
李仁涵	中国工程院三局	局长、研究员级高级工程师
吴志强	同济大学	副校长、教授

项目执笔组

李仁涵	中国工程院三局	局长、研究员级高级工程师
吴志强	同济大学	副校长、教授
陈　劲	清华大学	教　授
曾　沅	天津大学	副教授
俞自涛	浙江大学	教　授
姚海鹏	北京邮电大学	讲　师
王福林	清华大学	副教授
何前锋	浙江数字医疗卫生技术研究院	助理研究员
顾新建	浙江大学	教　授
邓　超	中南大学	教　授

陈　博	宁波市智慧城市规划标准发展研究院	副主任
刘朝晖	同济大学智能城镇化协同创新中心	博　士
刘　智	中国电子科技集团公司第三十八所公共安全技术研究院	院长助理、高级工程师
洪学海	中国科学院计算技术研究所	研究员
黄　韬	北京邮电大学	副教授
潘李伟	中国电子科技集团公司第三十八所公共安全系统集成工程中心	主任、高级工程师
闫　利	武汉大学	教　授
高兴保	中国环境科学研究院	研究员
刘晓龙	中国工程院咨询服务中心	工程师
田　沄	中国工程院	博士后

项目办公室

李仁涵	中国工程院三局	局长、研究员级高级工程师
安耀辉	中国工程院三局	副局长
高战军	中国工程院三局	副巡视员
范桂梅	中国工程院三局	副处长
滕颖蕾	北京邮电大学	副教授
陈冰玉	中国工程院三局	主任科员
杨　易	中国工程院三局	助　教
胡　楠	中国工程院办公厅	主任科员

注：以上信息按项目结题时间为准。

序

　　"中国智能城市建设与推进战略研究丛书"，是由 47 位院士和 180 多名专家经过两年多的深入调研、研究与分析，在中国工程院重大咨询研究项目"中国智能城市建设与推进战略研究"的基础上，将研究成果汇总整理后出版的。这套系列丛书共分 14 册，其中综合卷 1 册，分卷 13 册，由浙江大学出版社陆续出版。综合卷主要围绕我国未来城市智能化发展中，如何开展具有中国特色的智能城市建设与推进，进行了比较系统的论述；分卷主要从城市经济、科技、文化、教育与管理，城市空间组织模式、智能交通与物流，智能电网与能源网，智能制造与设计，知识中心与信息处理，智能信息网络，智能建筑与家居，智能医疗卫生，城市安全，城市环境，智能商务与金融，智能城市时空信息基础设施，智能城市评价指标体系等方面，对智能城市建设与推进工作进行了论述。

　　作为"中国智能城市建设与推进战略研究"项目组的顾问，我参加过多次项目组的研究会议，也提出一些"管见"。总体来看，我认为在项目组组长潘云鹤院士的领导下，"中国智能城市建设与推进战略研究"取得了重大的进展，其具体成果主要有以下几个方面。

　　20 世纪 90 年代，世界信息化时代开启，城市也逐渐从传统的二元空间向三元空间发展。这里所说的第一元空间是指物理空间（P），由城市所处物理环境和城市物质组成；第二元空间指人类社会空间（H），即人类决策与社会交往空间；第三元空间指赛博空间（C），即计算机和互联网组成的"网络信息"空间。城市智能化是世界各国城市发展的大势所趋，只是各国城市发展阶段不同、内容不同而已。目前国内外提出的"智慧城市"建设，主要集中于第三元空间的营造，而我国城市智能化应该是"三元空间"彼此协调，使规划与产业、生活与社交、社会公共服务三者彼此交融、相互促进，应该是超越现有电子政务、数字城市、网络城市和智慧城市建设的理念。

新技术革命将促进城市智能化时代的到来。关于新技术革命，当今世界有"第二经济""第三次工业革命""工业 4.0""第五次产业革命"等论述。而落实到城市，新技术革命的特征是：使新一代传感器技术、互联网技术、大数据技术和工程技术知识融入城市的各系统，形成城市建设、城市经济、城市管理和公共服务的升级发展，由此迎来城市智能化发展的新时代。如果将中国的城镇化（城市化）与新技术革命有机联系在一起，不仅可以促进中国城市智能化进程的良性健康发展，还能促使更多新技术的诞生。中国无疑应积极参与这一进程，并对世界经济和科技的发展作出更巨大的贡献。

用"智能城市"（Intelligent City，iCity）来替代"智慧城市"（Smart City）的表述，是经过项目组反复推敲和考虑的。其原因是：首先，西方发达国家已完成城镇化、工业化和农业现代化，他们所指的智慧城市的主要任务局限于政府管理与服务的智能化，而且其城市管理者的行政职能与我国市长的相比要狭窄得多；其次，我国正处于工业化、信息化、城镇化和农业现代化"四化"同步发展阶段，遇到的困惑与问题在质和量上都有其独特性，所以中国城市智能化发展路径必然与欧美有所不同，仅从发达国家的角度解读智慧城市，将这一概念搬到中国，难以解决中国城市面临的诸多发展问题。因而，项目组提出了"智能城市"（iCity）的表述，希冀能更符合中国的国情。

智能城市建设与推进对我国当今经济社会发展具有深远意义。智能城市建设与推进恰好处于"四化"交汇体上，其意义主要有以下几个方面。一是可作为"四化"同步发展的基本平台，成为我国经济社会发展的重要抓手，避免"中等收入陷阱"，走出一条具有中国特色的新型城镇化（城市化）发展之路。二是把智能城市作为重要基础（点），可促进"一带一路"（线）和新型区域（面）的发展，构成"点、线、面"的合理发展布局。三是有利于推动制造业及其服务业的结构升级与变革，实现城市产业向集约型转变，使物质增速减慢，价值增速加快，附加值提高；有利于各种电子商务、大数据、云计算、物联网技术的运用与集成，实现信息与网络技术"宽带、泛在、移动、融合、安全、绿色"发展，促进城市产业效率的提高，形成新的生产要素与新的业态，为创业、就业创造新条件。四是从有限信息的简单、线性决策发展到城市综合系统信息的网络化、优化决策，从而帮助政府提高城市管理服务水平，促进深化城市行政体制改革与发展。五是运用新技术使城市建筑、道路、交通、能源、资源、环境等规划得到优化及改善，提高要素使用效率；使城市历史、地貌、本土文化等得到进一步保护、传承、发展与升华；实现市民健康管理从理念走向现实等。六是可以发现和培养一批适应新技术革命趋势的城市规划师、管理专家、高层次科学家、数据科学与安全专家、工程技术专家等；吸取过去的经验与教训，重视智能城市运营、维护中的再创新（Renovation），可以集中力量培养一批基数庞大、既懂理论又懂实践的城市各种功能运营维护工程师和技术人员，从依靠人口红利，逐渐转向依靠知识与人才红利，支撑我国城市智能化健康、可持续发展。

综上所述，"中国智能城市建设与推进战略研究丛书"的内容丰富、观点鲜明，所提出的发展目标、途径、策略与建议合理且具可操作性。我认为，这套丛书是具有较高参考价值的城市管理创新与发展研究的文献，对我国新型城镇化的发展具有重要的理论意义和应用实践价值。相信社会各界读者在阅读后，会有很多新的启发与收获。希望本丛书能激发大家参与智能城市建设的热情，从而提出更多的思考与独到的见解。

我国是一个历史悠久、农业人口众多的发展中国家，正致力于经济社会又好又快又省的发展和新型城镇化建设。我深信，"中国智能城市建设与推进战略研究丛书"的出版，将对此起到积极的、具有正能量的推动作用。让我们为实现伟大的"中国梦"而共同努力奋斗！

是以为序！

徐匡迪

2015 年 1 月 12 日

前　言

2008 年，IBM 提出了"智慧地球"的概念，其中"Smart City"即"智慧城市"是其组成部分之一，主要指 3I，即度量（Instrumented）、联通（Interconnected）、智能（Intelligent），目标是落实到公司的"解决方案"，如智慧的交通、医疗、政府服务、监控、电网、水务等项目。

2009 年年初，美国总统奥巴马公开肯定 IBM 的"智慧地球"理念。2012 年 12 月，美国国家情报委员会（National Intelligence Council）发布的《全球趋势 2030》指出，对全球经济发展最具影响力的四类技术是信息技术、自动化和制造技术、资源技术以及健康技术，其中"智慧城市"是信息技术内容之一。《2030 年展望：美国应对未来技术革命战略》报告指出，世界正处在下一场重大技术变革的风口浪尖上，以制造技术、新能源、智慧城市为代表的"第三次工业革命"将在塑造未来政治、经济和社会发展趋势方面产生重要影响。

在实施《"i2010"战略》后，2011 年 5 月，欧盟 Net!Works 论坛出台了 *Smart Cities Applications and Requirements* 白皮书，强调低碳、环保、绿色发展。之后，欧盟表示将"Smart City"作为第八期科研架构计划（Eighth Framework Programme，FP8）重点发展内容。

2009 年 8 月，IBM 发布了《智慧地球赢在中国》计划书，为中国打造六大智慧解决方案：智慧电力、智慧医疗、智慧城市、智慧交通、智慧供应链和智慧银行。2009 年，"智慧城市"陆续在我国各层面展开，截至 2013 年 9 月，我国总计有 311 个城市在建或欲建智慧城市。

中国工程院曾在 2010 年对"智慧城市"建设开展过研究，认为当前我国城市发展已经到了一个关键的转型期，但由于国情不同，"智慧城市"建

设在我国还存在一定问题。为此，中国工程院于 2012 年 2 月启动了重大咨询研究项目"中国智能城市建设与推进战略研究"。自项目开展以来，很多城市领导和学者都表现出浓厚的兴趣，希望投身到智能城市建设的研究与实践中来。在各界人士的大力支持以及中国工程院"中国智能城市建设与推进战略研究"项目组院士和专家们的努力下，我们融合了三方面的研究力量：国家有关部委（如国家发改委、工信部、住房和城乡建设部等）专家，典型城市（如北京、武汉、西安、上海、宁波等）专家，中国工程院信息与电子工程学部、能源与矿业工程学部、环境与轻纺工程学部、工程管理学部以及土木、水利与建筑工程学部等学部的 47 位院士及 180 多位专家。研究项目分设了 13 个课题组，涉及城市基础建设、信息、产业、管理等方面。另外，项目还设 1 个综合组，主要任务是在 13 个课题组的研究成果基础上，综合凝练形成"中国智能城市建设与推进战略研究丛书"综合卷。

两年多来，研究团队经过深入现场考察与调研、与国内外专家学者开展论坛和交流、与国家主管部门和地方主管部门相关负责同志座谈以及团队自身研究与分析等，已形成了一些研究成果和研究综合报告。研究中，我们提出了在我国开展智能城市（Intelligent City，iCity）建设与推进会更加适合中国国情。智能城市建设将成为我国深化体制改革与发展的促进剂，成为我国经济社会发展和实现"中国梦"的有力抓手。

目　录
CONTENTS

第3章　我国智能城市建设的目标与内容

第4章　我国智能城市发展的途径与策略

第5章 我国智能城市建设与推进的措施建议

附 录 各课题报告摘要

第1章

iCity

国内外"智慧城市"的
发展概况

一、国外"智慧城市"的发展概况

"智慧城市"概念提出前,世界各地都在开展"数字城市"和"无线城市"等建设。近年来,城市建设逐步转向了"智慧城市"建设,实际上就是城市数字化向智能化发展。

(一)美 国

1. 现 状

美国在实施国家信息基础设施(National Information Infrastructure,NII)和全球信息基础设施(Global Information Infrastructure,GII)计划之后,2009年年初,美国总统奥巴马公开肯定了IBM提出的"智慧地球"理念。2012年12月,美国国家情报委员会(National Intelligence Council)发布的《全球趋势2030》指出,对全球经济发展最具影响力的四类技术是信息技术、自动化和制造技术、资源技术以及健康技术,其中"智慧城市"是信息技术内容之一。

值得引起重视的是,继2012年年底发表"战略前瞻计划"系列报告《2030年展望:后西方世界的美国战略》之后,美国大西洋理事会布伦特·斯考克罗夫特国际安全研究中心(Brent Scowcroft Center on International Security)推出了由该中心高级研究员马修·伯罗斯、罗伯特·曼宁等合写的《2030年展望:美国应对未来技术革命战略》报告指出,世界正处在下一场重大技术变革的风口浪尖上,以制造技术、新能源、智慧城市为代表的"第三次工业革命"将在塑造未来政治、经济和社会发展趋势方面产生重要影响,建议美国政府增加研发经费,保持科技领域的领先优势。

近年来,美国政府利用财政资金推进一些重点智慧城市基

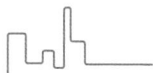

础设施的建设；通过各种财政、金融政策手段，引导企业、高校以及各类研究院所等作为主体开展业务和产业模式的创新；通过政府外包、向企业购买、吸引企业参与建设运营等方式，建设以互联网、物联网、宽带网等网络组合为基础的智慧城市。信息基础设施、智能电网、智能交通、智慧医疗等建设，是美国当前智慧城市建设的重点。

在信息基础设施建设方面，2009年1月，奥巴马将宽带网络建设上升到国家政策层面。2010年3月，美国联邦通信委员会（Federal Communications Commission，FCC）正式对外公布了未来10年美国的高速宽带网络发展计划，将宽带网速度提高25倍，即到2020年，让1亿户美国家庭互联网传输的平均速度从2010年的4Mbps提高到100Mbps。

在智能电网建设方面，美国科罗拉多州的博尔德市于2008年8月启动了智能电网城市工程，成为美国第一座开展智能电网建设的城市。2009年2月，美国发布《经济复苏计划》，计划投资110亿美元建设可安装各种控制设备的新一代智能电网。同年6月，美国商务部和能源部共同发布了第一批智能电网的行业标准，这标志着美国智能电网项目正式启动。

智能交通建设主要涉及交通监控、交通信号智能控制、不停车收费、车路协同及自动驾驶、智能交通管理系统等领域，基本实现保障交通安全、防止交通事故、提供事故救援和快速恢复事故现场的交通秩序等功能。

在智慧医疗建设方面，美国于2002年提倡升级医疗信息技术，确保大多数美国人在10年内拥有电子健康记录，并于2004年启动了"全民电子健康档案项目"，逐步建立了国家健康信息网络（National Health Information Network，NHIN）。美国各州逐步建立了区域健康信息网络。2009年，奥巴马明确主张要让每个美国公民的健康档案电子化，宣布先期投入200亿美元用于发展电子健康档案信息技术系统，用能够联网共享的电子化档案代替纸质档案来提高医疗效率，减少重复诊治和医疗失误，降低医疗成本，实现健康信息在各医疗机构之间的真正共享和不同系统之间的相互兼容。

2. 发展趋势

（1）精准、可靠的城市传感网络。物联网、互联网、宽带网和云计算交

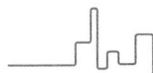

融发展，使得精准、可视、可靠、智能的城市运行管理网络可覆盖所有城市要素，有效支撑城市安全、可靠地运行。

（2）虚拟化、个性化、便捷化的居民生活方式。新一代智能信息基础设施成为满足随时、随地、任何物、任何人都可以上网以及所有人或物的联通。远程教育、远程医疗、数字娱乐等网络化的公共服务，将日渐优化人们的学习、工作和生活环境。

（3）蓬勃发展的数字经济及智能产业。知识的创造与利用，将促进知识和技术密集的高新技术产业与现代服务业成为智慧城市最主要的支柱产业。

（4）高效、透明的政府管理。数据开放、高效透明，以及即时、无缝的公共服务，将成为美国政府管理的主要特征。政府组织进一步扁平化，业务链实现一体化管理，将极大地提高行政效率，降低行政成本，进一步推进公众参与民主治理的进程。

（二）欧　盟

1．现　状

为推进欧洲智慧城市的发展，欧盟分三步实施促进智慧城市发展的战略，即欧盟通过实施"i2010"战略、欧洲 2020 战略和"智慧城市和社区欧洲创新伙伴行动"，在整体规划下循序推进并资助成员国进行智慧城市的建设。欧盟委员会将信息和通信技术列为欧洲 2020 年的战略发展重点，制定了《物联网战略研究路线图》。2007—2013 年，欧盟为信息和通信技术研发所投入的资金达 20 亿欧元。2011 年 5 月，欧盟 Net!Works 论坛出台了 *Smart Cities Applications and Requirements* 白皮书，强调智慧城市低碳、环保、绿色发展。欧盟表示将把"智慧城市"作为第八期科研架构计划（Eighth Framework Programme，FP8）重点发展内容。

欧洲智慧城市的建设采取了政府、企业合作的形式，由政府进行统一规划和组织，企业积极参与，共同推动智慧城市建设。组织模式主要有政府投资管理、研究机构与非营利组织参与、公私合资建设和管理、电信企业投资开发等多种形式，体现出总体框架下的多样化发展，以及自然禀赋与人类活动智慧融合的特色。

2. 发展趋势

欧洲智慧城市建设将城市信息系统与经济发展、城市管理和公共服务紧密结合，优化城市管理决策，推动技术创新，扩展产业空间，提高城市生活品质。通过公众的广泛参与和自上而下的信息反馈机制，推动城市建设与社会高度融合，使经济社会智能化、可持续发展，具体主要有以下五点：①打造泛在网，加强智慧城市网络信息基础建设；②强调以绿色通信技术，实现向低碳经济的转型；③将物联网作为欧盟智慧城市建设的关键环节；④鼓励公众参与，强化社会性基础设施建设；⑤打造宜居的城市环境，提高公众生活的网络化程度和城市公共服务水平。

（三）日 本

1. 现 状

日本通过实施"u-Japan"①和"i-Japan"②战略，旨在将数字信息技术融入生产生活的每个角落，目前将目标定位在电子化政府治理、医疗健康信息服务、教育与人才培育三大公共事业领域。希望通过城市的智能化建设，改革整个经济社会，催生新的活力，实现积极自主的创新等。

2. 发展趋势

日本在 2009 年 9 月《联合国气候变化框架公约》第十五次缔约方会议（COP15）的哥本哈根宣言中正式承诺，到 2020 年实现减排 25% 的中期目标。2010 年 6 月，日本内阁通过了调整未来产业结构的三项战略：《产业结构愿景 2020》《新增长战略》和《能源总体规划》。这三项战略均将发展可再生能源、能源产业、环保产业、智能电网作为重要方向。日本在各大城市建设中，针对衣食住行的不同领域，将进一步大力推进智能应用建设。

---

① "u"代指英文单词"ubiquitous"，意为"普遍存在的，无所不在的"。该战略是希望催生新一代信息科技革命，实现无所不在的便利社会。
② i-Japan 中的"i"是指：到 2015 年，实现数字技术在日本全社会普遍应用以及实现创新的社会。

（四）韩 国

1. 现 状

韩国于 2006 年启动了以首尔为代表的智慧城市建设计划（u-City）。该计划试图通过整合公共通信平台和无处不在的网络接入，让民众可以方便地开展远程教育、医疗、办理税务以及家庭建筑能耗的智能化监控等。注重培育和发展 u 产业，将培育物联网技术、生物芯片、纳米技术等以新兴 u 技术为支撑的战略性新兴产业作为经济可持续发展的新动力。在物联网方面，2009 年政府通过了《物联网基础设施构建基本规划》，将物联网市场确定为新的增长动力。在云计算方面，政府出台了《"云计算活性化"综合规划》，计划 2014 年前投资 6 146 亿韩元，目标是成为全球云计算最强的国家。

2. 发展趋势

完善法规，进一步推动 u 产业规范发展；完善标准和评价体系，进一步推进 u-City，并为制订第二阶段 u-City 综合发展计划做准备。打破信息壁垒，用 u-City 技术改造"老城区"，也是韩国未来推进 u-City 必须解决的难题。当前，韩国丰富了 u-City 的内涵，提出"u-City＝Urban Planning + Smart City"，即"城市规划 + 智慧城市"。

> 日韩模式：日、韩两国智慧城市建设的共同模式是 u-Japan 和 u-Korea，目标是打造 21 世纪"无所不在"的网络社会。两国在智慧城市建设的主体、策略、路径和措施方面比较相似。在建设主体上，政府协调、企业主导；在建设策略上，整体规划、分步推进；在建设路径上，稳步升级、有序衔接；在建设措施上，技术攻关、产业发展。

从国外情况看，对智慧城市建设最重视的是美国，其次是欧洲。欧美地区国家以长期的城市信息化（数字城市）建设为基础，结合最新的信息技术成果，通过发展理念的传播、长期战略规划的引导、发展模式的构建、信息技术的创新与应用、法规政策建设配套等方式推动智慧城市建设。实际上，这也是在推动城市智能化的发展。

二、我国"智慧城市"的发展现状

（一）我国城镇化和信息化建设取得了巨大成绩

近 30 多年，我国城市发展取得了举世瞩目的成绩，为未来城市发展奠定了良好的基础，主要取得了以下成就。

1. 城镇化发展巨步

自 2000 年以来，我国人口城镇化率每年提高约 1.36%，年均增加约 2 100 万城镇人口。2013 年我国城镇化率达到 53.73%，人均 GDP 为 6 807 美元。根据发达国家城镇化率 70% 的情况，预测今后 10 年中，我国还将约有 1 亿人口移居城市。截至 2013 年 3 月，我国地级城市数 288 个，其中人口 400 万以上的有 14 个，城市用水普及率 97%，城市燃气普及率 92.4%，每万人拥有公共交通车辆 11.8 台，人均拥有道路面积 13.8 平方米，人均公园绿地面积 11.8 平方米，每万人拥有公共厕所 2.9 座，等等。我国城镇化发展取得了非常好的成绩。

经历了这么多年的高速发展，我们已经充分认识到我国城镇化面临着人口（见图 1.1）、环境（见图 1.2）、资源（见表 1.1）、交通（见图 1.3）、社会等各方面的巨大压力，当前发展模式的不可持续性已成为政府、社会各界和民众的共识。

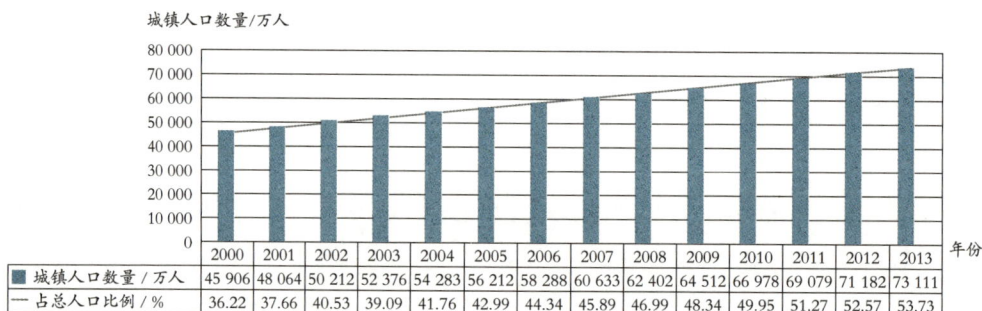

城镇人口数量/万人

	2000	2001	2002	2003	2004	2005	2006	2007	2008	2009	2010	2011	2012	2013
■ 城镇人口数量/万人	45 906	48 064	50 212	52 376	54 283	56 212	58 288	60 633	62 402	64 512	66 978	69 079	71 182	73 111
— 占总人口比例/%	36.22	37.66	40.53	39.09	41.76	42.99	44.34	45.89	46.99	48.34	49.95	51.27	52.57	53.73

图 1.1　我国城镇人口增长态势（资料来源：国家统计局）

超标天数比率/%

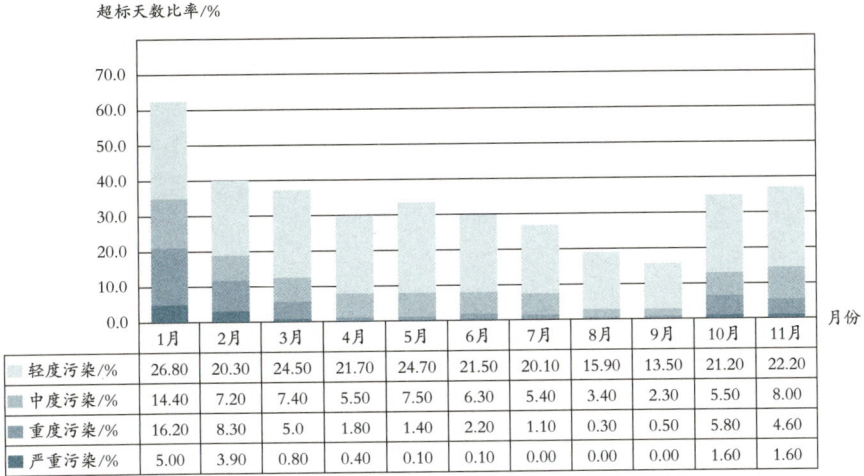

	1月	2月	3月	4月	5月	6月	7月	8月	9月	10月	11月
轻度污染/%	26.80	20.30	24.50	21.70	24.70	21.50	20.10	15.90	13.50	21.20	22.20
中度污染/%	14.40	7.20	7.40	5.50	7.50	6.30	5.40	3.40	2.30	5.50	8.00
重度污染/%	16.20	8.30	5.0	1.80	1.40	2.20	1.10	0.30	0.50	5.80	4.60
严重污染/%	5.00	3.90	0.80	0.40	0.10	0.10	0.00	0.00	0.00	1.60	1.60

图 1.2　2014 年 1—11 月我国 74 个城市（京津冀、长三角、珠三角区域及直辖市、省会城市和计划单列市）空气质量超标情况（数据来源：中国环境监测总站）

表 1.1　国家公布的三批资源枯竭型城市统计

所在省（区、市）	首批12座（2008）	第二批32座（2009）	第三批25座（2011）	大小兴安岭林区参照享受政策城市9座
河　北		下花园区 鹰手营子矿区	井陉矿区	
山　西		孝义市	霍州市	
内蒙古		阿尔山市	乌海市 石拐区	牙克石市 额尔古纳市 根河市 鄂伦春旗 扎兰屯市
辽　宁	阜新市 盘锦市	抚顺市 北票市 弓长岭区 杨家杖子 南票区		
吉　林	辽源市 白山市	舒兰市 九台市 敦化市	二道江区 汪清县	

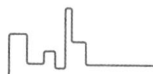

续　表

所在省（区、市）	首批12座（2008）	第二批32座（2009）	第三批25座（2011）	大小兴安岭林区参照享受政策城市9座
黑龙江	伊春市 大兴安岭地区	七台河市 五大连池市	鹤岗市 双鸭山市	逊克县 爱辉区① 嘉荫县 铁力市
江　苏			贾汪区	
安　徽		淮北市 铜陵市		
江　西	萍乡市	景德镇市	新余市 大余县	
山　东		枣庄市	新泰市 淄川区	
河　南	焦作市	灵宝市	濮阳市	
湖　北	大冶市	黄石市 潜江市 钟祥市	松滋市	
湖　南		资兴市 冷水江市 耒阳市	涟源市 常宁市	
广　东			韶关市	
广　西		合山市	平桂管理区	
海　南			昌江县	
重　庆		万盛区	南川区	
四　川		华蓥市	泸州市	
贵　州		万山特区		
云　南	个旧市	东川区	易门县	
陕　西		铜川市	潼关县	
甘　肃	白银市	玉门市	红古区	
宁　夏	石嘴山市			

资料来源：国家发展和改革委员会

---

① 2015年5月，黑龙江省政府批准将黑河市爱辉区爱辉镇政区名称用字恢复为瑷珲。

机动车保有量/万辆

汽车对新增量的贡献/%

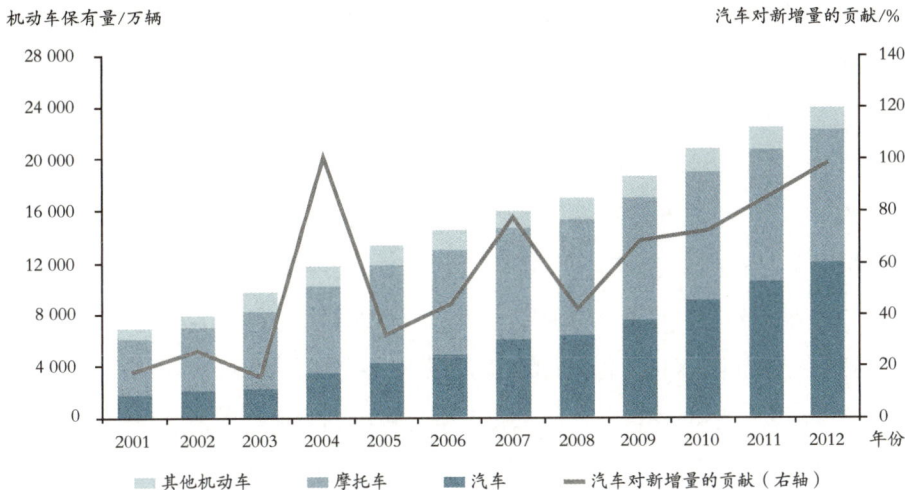

图1.3 中国机动车保有量的增长结构（数据来源：公安部交通管理科学研究所）

2. 信息化发展巨步

信息化发展水平已经成为决定国家生产力发展水平、衡量国家综合国力和国际竞争力的重要标志之一。近年来，我国信息化发展速度不断加快，2011年信息化发展指数①达到0.732（见图1.4），2000—2011年年均增长率为3.64%。近年来，我国信息化发展巨步，不仅为国家，而且为全球信息化发展做出了巨大贡献。

信息化发展指数

增长率/%

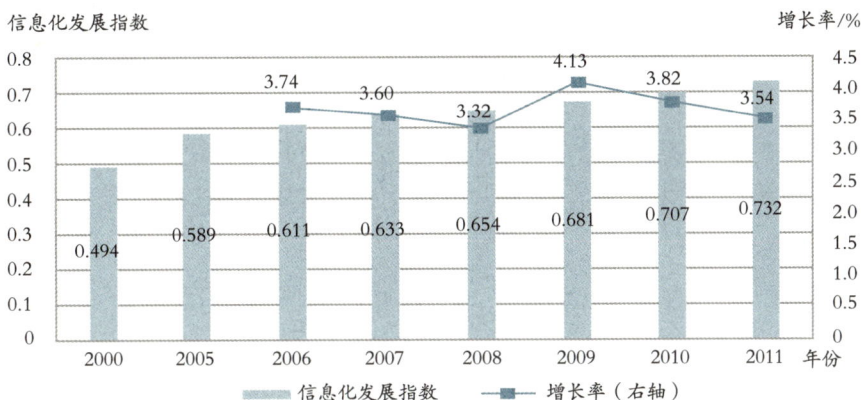

图1.4 我国国家信息化发展指数增长情况（数据来源：国家统计局）

① 信息化发展指数（Informatization Development Index，IDI）从信息化基础设施建设、应用水平与制约环境以及居民信息消费等方面综合测量和反映一个国家或地区信息化发展的总体水平。

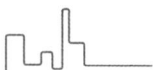

（1）网络通信产业竞争力持续增强。2013 年，华为、中兴占全球通信设备市场的份额已超过 30%，华为核心路由器有望打破思科的长期垄断，本土企业自主专利数在 TD-LTE 专利中约占 40%。国产智能手机强势崛起，2013年，国产品牌智能手机出货量为 3.24 亿部，同比增长 71.6%，占智能手机出货量的 76.6%。相比国产品牌占领功能机市场的漫长经历，国产品牌在智能手机时代大大缩短了竞争时间，通过短短两年即树立了本土优势。

（2）光纤宽带、移动互联网等基础设施建设成为信息化建设的热点。在世界各国纷纷加强信息通信基础设施建设时，我国积极出台了一系列宽带战略的政策部署，推动我国进入信息化基础建设的新阶段。截至 2013 年 11 月，我国 4Mbps 以上高速率宽带接入用户占比达到 77.4%，3G 网络已覆盖全国所有乡镇，TD-LTE 扩大规模试验进展顺利，4G 商业化全面启动。

（3）新一代信息技术成为"四化同步"发展的重要引擎。近年来，国内物联网产业规模一直保持 30% 的高速增长。在钢铁冶金、石油石化、机械装备制造和物流等行业，传感控制系统已成为标准配置。"工业云"通过整合产业资源，将工业软件和信息资源部署在云端及时更新，中小企业用户根据需要自主选择软件服务，实现软件低成本和信息共享。智慧城市建设成为各地推动城镇化发展的热点，测土配方施肥、设施农业环境智能监测控制等现代信息技术得到深度应用，农业现代化水平不断提高。

（4）信息消费逐渐成为扩大内需的关键着力点。国内信息消费对经济增长拉动作用进一步显现：2013 年 1—10 月，我国智能手机出货量达到 3.48 亿部，同比增长 178%，并带动 TD 多模芯片进入商用；移动互联网接入流量突破 10 亿 Gb，同比增长 68.9%；前三季度，电子商务市场规模达到 7 万亿元，同比增长超过 20%。

（5）信息技术在公共服务领域的渗透水平不断提升。互联网电视、移动互联学习终端、网络课程、微课等新型教育手段和模式不断涌现；卫生信息平台互联互通，医疗云等技术进一步提升医疗卫生领域信息化应用水平，一些有条件的医疗机构正尝试使用自带移动智能装备，提高临床护理水平；通过引入云计算、大数据等信息技术，养老、低保、医保等信息资源整合、分析与共享模式不断创新。

我国信息化发展指数每年都在增长，但增长率自 2009 年以来呈下降趋势，这需要引起高度重视（见图 1.4）。

3. 互联网产业发展巨步

近年来，我国互联网产业发展成效显著（见图 1.5 和图 1.6），除产业自身实力增强外，还涌现了大量新应用、新模式。互联网产业在模式创新、行业应用等方面仍落后于发达国家，但是其与实体经济尤其是制造业的结合程度越来越紧密，正在成为推动制造业发展变革的核心力量。

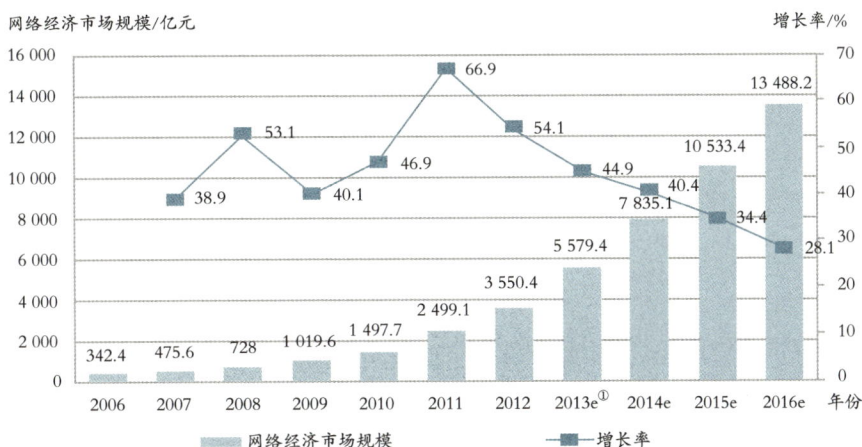

图 1.5　2006—2016 年我国网络经济市场规模及增长率（数据来源：艾瑞咨询）

图 1.6　2009—2016 年我国第三方互联网支付交易规模及增长率（数据来源：艾瑞咨询）

---

① e 表示预测数据。

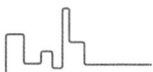

（1）从模仿复制到改良创造，互联网产业发展迅猛。我国互联网服务业实现了从"产品形态跟随模仿、商业模式简单复制"到"产品渐进创新、商业模式创造性使用"的跨越转型，成为全球第二大互联网力量，主流应用均由我国本土企业主导。2013年，在全球互联网市值前30强中，我国企业占了8席。2014年9月，阿里巴巴集团成功在纽约证券交易所上市，市值达2 383.32亿美元，一举超越Facebook、亚马逊、腾讯和eBay，成为仅次于谷歌的全球第二大互联网公司。阿里巴巴之所以成功，离不开商业模式的不断创新。阿里巴巴的商业模式可简要概述为C2B2B2S，即customer business business service。其中，淘宝网是B2C和C2C，阿里巴巴网络是B2B，支付宝、阿里软件、雅虎口碑是B2S。根据阿里巴巴集团的战略构想，未来的阿里巴巴电子商务生态体系将是一个开放、协同、共荣的平台。阿里巴巴集团通过开放平台吸引各类型的电子商务服务提供商，他们依靠各自的专业知识和经验，打造出适应电子商务从业者需求的个性化服务（阿里巴巴集团研究中心，2009）。

（2）伴随着技术应用的深化普及，互联网新兴业态和服务模式快速涌现。微博、微信、位置服务、移动应用商店等移动互联网新业务不断涌现；移动电商、B2B2C[①]、社交营销等电子商务新模式新应用层出不穷；互联网金融服务发展迅猛，线上线下融合服务（O2O）大幅激发现实消费需求；互联网企业开放云平台催生生产性服务新模式。2013年"双十一"当天，苏宁实体店客流量增长近4倍，淘宝天猫销售额达351亿元，同比增长83%。腾讯开发平台累计为开发者分成达到30亿元，百度开放云服务已聚集30多万开发者等。

（3）互联网产业步入从生活性服务向生产性服务全面渗透的新阶段。截至2014年6月，我国网民数规模达6.32亿人，网民年龄结构趋向成熟，网民已不再是特殊群体，与普通居民趋向重合，更深入地影响物质生产和消费

---

① B2B2C是一种新的网络通信销售方式，是英文business to business to customer的简称。第一个B指广义的卖方（即成品、半成品、材料提供商等）；第二个B指交易平台，即提供卖方与买方的联系平台，同时提供优质的附加服务；C即指买方。卖方不仅仅是公司，也包括个人，即一种逻辑上的买卖关系中的卖方。B2B2C定义包括了B2C和C2C平台的商业模式，更加综合化，可以提供更优质的服务。

过程。企业生产经营环节的互联网应用正在深化，绝大多数企业认为云计算、大数据等新一代信息技术能够带来更多商机。基于互联网的企业全球化生态系统正在变革制造业、批发零售业、物流等传统行业，加速推动传统行业网络化、智能化、柔性化、服务化转型，并形成新的产业组织方式及新型企业—用户关系。海尔、小米、三一重工、尚品宅配、百度、阿里巴巴等已成为践行互联网与工业融合创新的领军企业。

（二）我国城市建设面临的挑战

进入 21 世纪后，经济社会的高速发展，致使生态恶化、资源匮乏、金融海啸、自然灾害和公共安全等问题层出不穷、不断蔓延，由于城市本身不具有自我调节的功能，其在发展过程中的复杂性及整体性难以把握。随着新技术特别是信息技术的发展和应用，以及社会经济持续健康发展的需要，未来我国城市发展将主要面临以下挑战。

1. 快速城镇化对城市发展模式的挑战

我国正经历着大规模的城镇化，从城市人口规模、经济总量分析，已开始从一个农民国家转向市民国家，进入以城市为主导、由城市引导与带动农村发展的模式。我国城镇化的特点基本上可概括为规模大、速度快、问题多、要求高。自改革开放以来，我国城镇化率 1978 年为 17.92%，1990 年为 26.41%，2013 年上升到 53.73%。未来相当长一段时间，我国仍将处于城镇化快速发展阶段，预计 2015 年我国城镇化率将达到 55% 以上，2020 年达到 60% 左右，2030 年达到 70% 左右。快速的城镇化使大量新的人口涌入城市，造成人口聚积与城市教育、人文素质的矛盾，城市发展与自然资源的矛盾，以及本土文化与外来文化的矛盾等，这些矛盾都给未来的城市带来了严峻的挑战。作为全球人口最多的国家，我国城镇化的进程与全球化、市场化、信息化等相伴交织，带来了城镇化与中国经济社会发展的关系问题，以及城镇化与中国人民生产生活的关系等问题。

2. 经济转型对城市产业结构调整的挑战

我国未来 20 年能否实现又好又快发展，将取决于中国城市的发展。在过去的 30 年中，制造业是中国城市产业发展的核心。未来 20 年，制造业对中国依然重要，这也是中国城市不同于西方城市之处。我们都认识到城市的产业结构在人均收入 3 000 美元、5 000 美元、10 000 美元等各不相同的阶段，其发展都有各自特点，需要与时俱进。产业结构调整的关键点是产品结构的调整，这对我们来说将是一个很大的挑战。城市智能化建设可以通过技术手段来实施，建立虚拟和实体的创新协同机制，整合不同行业之间的协同机制，提升城市内部和城市之间的创新能力，不断减少物质增量并提高价值增量与附加值，从粗放型向集约型转变，推动产业升级与产业结构调整，带动城市就业和消费的提高。

3. 快速城市人口增长对资源环境的挑战

自 20 世纪 80 年代中期以来，快速的城镇人口集聚对区域资源环境造成了巨大压力，外延增长式的城市发展模式已难以适应新形势下的发展需求，资源环境保障能力建设与城镇化发展不协调的矛盾日益突出。我国目前的资源和生态环境已不能适应快速城镇化带来的巨大压力，不允许我们再走西方初级工业化阶段城镇化的老路，必须与科技含量高、经济效益好、资源消耗低、环境污染少、人力资源优势得到充分发挥的新型发展道路相适应。党的十八大明确提出"积极稳妥推进城镇化，坚持走中国特色城镇化道路"。在此背景下，我国的城市发展模式应该如何转型？城市发展模式转型的趋势是什么？这些已成为决策者和城市规划建设者们的挑战，也是他们迫切需要思考和解决的问题。

4. 市民生活水平提高对现有公共管理和公共服务的挑战

随着城市居民的医疗卫生条件、居住条件、教育和文化水平、劳动条件与休假日保障水平、居民收入与衣食住行消费水平、出行方式的多样化、社会保障水平及人的自由度不断提高，城市居民生活水平得到了质的飞跃。随着信息技术的发展及其与人们生产、生活的深度融合，市民求变的期望值越来越高，他们主动参与城市社会管理的需求日趋凸显，城市社会管理越来越复杂。这对

城市公共管理与公共服务提出了相当高的要求，需要引起高度重视。

5. 城市规划理念的变化对城市建设的挑战

上一代留给我们的城市已基本拆完，我们能够有几座城市像伦敦、巴黎、芝加哥、布拉格、佛罗伦萨那样，经得住百年历史考验，传入 22 世纪，并成为几百年后的名城？外国学者认为："中国城市先经历了 30 年苏联式的现代化，随后又经过了 30 年美国式的现代化。从建筑学角度看，这两种方式或许都有问题。"当前，城市发展出现空前高峰，特别在经济全球化、信息化出现后，从不同的角度出发，提出了城市发展的新路径，许多城市发展理念也应运而生，这些理念在一定程度上也影响了城市的发展轨迹。生态城市强调技术和自然的充分融合，宜居城市强调经济、社会、文化和环境的协调发展，集约型城市强调居住和环境问题的解决途径。这些都是在城市建设规划中需要充分考虑的，以防止城市发展中产生自然资源浪费、城市盲目扩张、生态环境破坏、城市风貌千城一面、地域特色和文化逐步消失等状况，这是对中国城镇化水平的严峻挑战。

（三）我国"智慧城市"建设的基本情况

2009 年 8 月，IBM 发布了《智慧地球赢在中国》计划书，正式揭开了IBM "智慧地球"中国战略的序幕。计划书中，IBM 为中国量身打造了六大智能解决方案：智慧电力、智慧医疗、智慧城市、智慧交通、智慧供应链和智慧银行。自 2009 年以来，IBM 的这些"智慧"方案，已经陆续在我国许多城市展开。

国家发展和改革委员会、工业和信息化部、科学技术部、住房和城乡建设部等部委以及各省市政府都非常重视"智慧城市"的建设工作。许多地级以上城市在"十二五"规划或政府工作报告中正式提出建设智慧城市，其中80% 以上的二级城市明确提出建设智慧城市的发展目标。截至 2013 年 9 月，我国总计有 311 个城市在建或欲建智慧城市，合计计划投资超过 2 万亿元，有关情况见图 1.7。

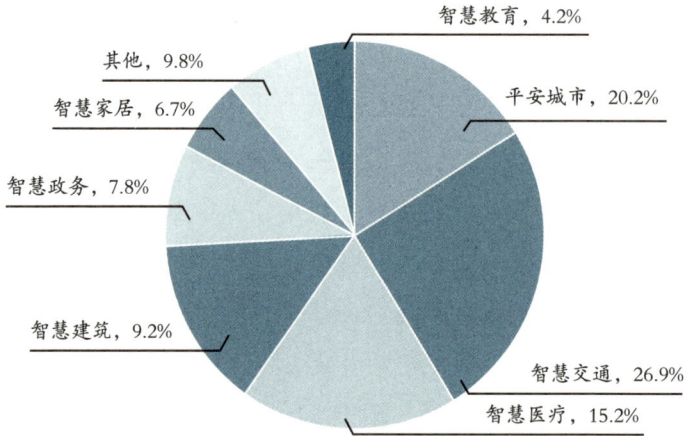

图 1.7　2013 年我国智慧城市的 IT 投资结构（资料来源：赛迪顾问）

随着"智慧城市"概念的兴起，我国各地出现了建设智慧城市的浪潮，其动力主要来自地方政府急于解决快速城镇化带来的诸多亟待解决的问题。在"十二五"规划或政府报告中提出建设智慧城市的地级以上城市共有 41 个，其中副省级城市 10 个。2011 年，在第 14 届中国北京国际科技产业博览会上，"智慧北京"信息技术首次亮相，在"十二五"和"十三五"期间，北京将全面建设"智慧北京"，人人享有"智慧"生活；2011 年，上海市人民政府公布了"推进智慧城市建设 2011—2013 年行动计划"；2010 年，宁波市出台了《中共宁波市委　宁波市政府关于建设智慧城市的决定》，率先系统开展智慧城市建设；此外，杭州、广州、武汉、西安等城市也各自提出了建设智慧城市的思路。

从建设内容来看，各城市一方面正在加强城市基础通信网络建设，提高通信网络带宽及覆盖率；另一方面在重点领域提供一些应用服务，如公共服务、社会管理、交通、电网、医疗、物流、家居等领域。

（四）我国"智慧城市"建设中遇到的问题

当前发达国家城市建设的主要任务是信息技术与应用的发展，开展"智慧城市"建设主要集中在信息化领域。我国现阶段正处在工业化、信息化、城镇化和农业现代化"四化"同步发展时期，城市管理者的兴趣是推动城市的智能化发展，对"智慧城市"建设的理解是面向整个城市。但 IT 企业通常

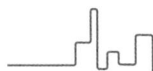

感兴趣的是销售城市的智能系统，其"智慧城市"的方案重在技术方案，目标是"落实"到公司的"解决方案"，具有明显的商业性，而忽略了建设的主体——"城市"，忽略了城市这个巨系统的复杂性，造成市长的期望与IT公司建设方案的目标存在较大差异。如某城市的市长在仔细参观某信息公司对各种"智慧系统"的介绍后，失望地评价道："你们的智慧城市没有市长的视野。"可以看出，市长的视野重点在于整个城市发展的决策，而不是单一的几个技术问题的解决方案。同样，政府各职能部门、企业、居民等的需求与期望在"智慧城市"建设中显得不是很合拍，效果明显不理想。

城市建设没有成熟的发展模式，特别是面对有关IT企业为了自身利益而进行的各种宣传时，国内各城市需要保持理性。总体而言，当前我国"智慧城市"建设存在着诸多有待解决的问题，主要有以下几点。

1. 缺乏正确认识，"跟风建设"和"重复建设"现象严重

"智慧城市"概念的兴起源于IT企业商业行为的驱动，政府取而用之需要重新定位，不能盲目跟随，更不能演变为一种城市的标签行为，即大肆宣传智慧城市的概念而忽视其内涵和本质。切勿以为构建一些先进的网络基础设施、配备一系列高科技含量的信息技术就是建成智慧城市了。实际上，一些城市在没有弄清智慧城市内涵之前，已经开始跟风建设，但是概念不清、愿景不明、规划不周，使得智慧城市建设工作存在浪费和低效的现象。另外，由于对智慧城市建设风险认识不足，期望值过大，部分地方政府急功近利，希望用几年时间就能够改变一个城市，甚至期望将连数字城市基础都不扎实的城市也迅速建设成为智慧城市，巨大的建设压力和投资风险潜藏在规划和口号中。与"智慧城市"直接相关的物联网、云计算等产业规模持续增大，一些重点城市在发展中，通常依据自己对"智能"的理解以及自身城市建设的需求进行布局。截至2013年9月，我国总计有311个城市在建或欲建智慧城市，30多个省市将物联网作为产业发展重点，80%以上城市将物联网列为主导产业，已经出现了明显过热的发展苗头。专家们对这种"一拥而上"的重复建设现象表示关注和担忧，认为当前过热的物联网、云计算和"智慧城市"等的建设，将有可能导致新的产能过剩。

2. 缺乏统一部署与体制创新，条块分割的"信息孤岛"现象严重

由于智慧城市未纳入国家发展规划，存在着认识和定位的差异，不同部门、不同地区对智慧城市建设所包含内容的看法不同。例如，城市规划建设部门往往从新一代信息技术应用于城市规划建设的角度来规划；信息化主管部门则从工业化、信息化相互融合的角度来规划；地方政府如地级市则又从本地国民经济和社会发展信息化的角度来规划。当前，我国智慧城市建设主要由各地方政府的业务部门自主进行，各城市的业务部门根据业务需要构建自己的智能系统，各系统间没有统一的构建和开发管理，系统之间众多的公用信息无法互通而形成"信息孤岛"，极大地降低了系统建设的效率以及投资的效益。另外，各城市单兵作战、自成体系，缺乏应有的衔接和配合，同一城市不同管理部门、企业之间也存在信息共享不畅、数据利用率低等问题。

3. 缺乏核心技术与标准，形成信息安全隐患

智慧城市相关应用和产品核心技术等还未成熟，例如目前中国在汽车远程通信系统（Telematics）、基于位置服务（LBS）、地理信息系统（GIS）、家庭网络、智能交通系统（ITS）、遥感监测（RS）、芯片关键设备制造、智能通信与控制、海量数据处理等应用于智慧城市的核心关键技术方面与发达国家相比仍有较大差距。同时，建设智慧城市的标准不统一，标准自身落后，标准建设不够，标准协调不够。以物联网产业为例，我国物联网发展还处于初级阶段，目前还没有形成产业，物联网发展起步较早的欧美国家和日本掌握着物联网关键环节的技术（如传感、传输网络和应用计算）和核心专利。目前 80% 左右的传感核心芯片都来自欧美国家和日本。另外，个别发达国家封杀华为、中兴的战略逻辑，让我们更加意识到当前我国"智慧城市"建设所面临的巨大信息安全风险。这些风险不仅来自一些国家的网络通信企业在我国硬件设施领域的近乎垄断的地位，也来自这些企业的业务信息系统、数据库管理和业务解决方案在市场上的主导地位，而对于其存在的可靠性和安全性等问题，我们缺乏行之有效的监管与解决办法。专家普遍认为，我国现有信息安全防护体系存在较大的漏洞与问题，实际上已对国家和市民信息安全构成了威胁。

4．缺乏应对大数据挑战的技术和管理机制

数据正在成为社会财富和创新发展的基础，大数据是现有产业升级与新产业诞生的重要推动力量。在以数据为驱动的智能时代，大数据是重要的生产资料，只有利用好大数据，才能获得突破性的智能生产和生活能力。大数据还引起了科技界对科学研究方法论的重新审视，正在引发科学研究思维与方法的革命。专家认为，应将物联网海量数据视为国家的战略资源，而在互联网领域，谁能有效垄断数据资源，谁就有可能成为世界的霸主。在当前技术和管理机制上，我国现有的数据中心技术很难满足大数据的需求，存储能力的增长远远赶不上数据的增长；政府机构、行业组织和大型企业尚未建立专门的数据治理机构来统筹数据治理工作，无法实现开放数据、使大数据时代最重要的生产资料自由地流动起来，以催生创新和推动知识经济与网络经济的发展，促进我国的经济增长由粗放型向精细型转型升级。

5．缺乏技术与业务、管理与服务的深度融合，百姓诉求和参与未纳入建设议程之中

在起步阶段，无论是学术研究还是政府和商业的实践行为，都将重点放在信息技术建设上，欲通过信息技术手段实现城市经济和管理效率的提升。可以说，这一阶段的"智慧城市"概念，大多是技术导向型的，属于数字城市范畴，注重的是城市建设的硬实力。城市发展的目的是为百姓提供宜居、便捷的生活环境；盲目追求技术上的先进性而忽略了技术上的应用性，是智慧城市建设的误区之一。如何通过智能技术应用，改善城市总体的社会功能，提升城市的人文素养，宣传城市的文化底蕴，为百姓提供更宜居的生活环境，是城市软实力建设的重要任务。只有硬实力建设与软实力建设协同发展，才能打造城市可持续的竞争力。

三、城市智能化发展的若干深层次分析

根据我国城市社会经济发展的各种客观条件要求，我国不能再重复过去

的发展路径，需要在新形势下有新的突破；受城市自身发展条件的约束，当城市发展条件变化的时候，为实现新的发展目标，需要打破城市发展的路径局限，同时，不能脱离城市的特色盲目发展；全球化的发展产生了越来越多的全球性问题和全球风险，全球金融危机、气候变暖、环境污染、信息安全等形成了非传统安全威胁，这就要求我们在全球化形势下制定各类城市智能化发展对策。在未来城市发展的同时，还要高度重视城市的运营与维护，做到"建用并重"，让生活在城市中的人们得到实实在在的实惠。总之，未来世界城市发展的驱动力将发生极大的变化，特色各异的全新城市形态也将逐步形成。通过对国内外"智慧城市"发展现状的原因进行分析，我们得到以下几个重要结论。

（一）城市智能化的本质是"三元空间"（PHC）的协调发展

城市智能化反映了新技术革命条件下城市发展的新方向，应超越单纯的信息技术的观点，从更为开阔的视野开展城市建设。研究认为，应把城市智能化发展看作由三元空间耦合关联而成的复杂系统：第一元空间为物理（physical）空间，由城市所处的物理环境和城市物质组成；第二元空间为人类社会（human）空间，即人类决策与社会交往空间；第三元空间为赛博（cyber）空间，即计算机和互联网组成的"网络信息"空间。城市智能化应理解为是三元空间（PHC）同步推进、彼此促进的过程。

传统城市建设将重点放在第一元空间，如：城市规划、建设和管理的主要着眼点是城市的物理场所和物理设施，土地使用，功能区域布局，交通运输规划，能源、环境、水资源、城市基础设施，等等。自20世纪90年代以来，数字城市、网络城市等建设都开始着眼于营造和拓展城市的第三元空间。当前各国和我国各城市开展的智慧城市建设，实际上主要还是集中于第三元空间的营造。

值得引起重视的是，围绕第一、第三元空间的城市建设无疑是重要的，但第二元空间的巩固与扩大以及第二元空间与第一、第三元空间的贯通将是城市智能化更为深层与长远的主题。未来城市智能化建设，应在重视第一、

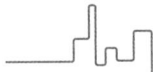

第三元空间建设的同时，重视第二元空间建设以及三元空间之间的耦合，把城市建设的中心定位于人的全面发展，尤其是人的创造力的全面提升，从而推动城市经济、社会、生态的全面可持续发展。

可以看出，当今城市从二元空间（PH）进入三元空间（PHC），是城市智能化的大势所趋，只是各国所取名字不同、内容不同、发展阶段不同而已。目前国内外开展的"智慧城市"建设，主要集中于对第三元空间的营造，而我国城市智能化应该是"三元空间"彼此协调，使社会、经济和生态三者协调发展，超越现有数字城市、网络城市和智慧城市的建设理念。

（二）新技术革命将促进智能城市新时代的到来

当前世界对新技术革命的论点很多，主要有以下几种。

> 美国经济学家布莱恩·阿瑟（Brian Arther）提出了第二经济（Second Economy）的概念。主要内容是：由处理器、链接器、传感器、执行器以及运行在其上的经济活动，形成了人们熟知的物理经济（第一经济）之外的第二经济（不是虚拟经济）。第二经济的本质是为第一经济附着了一个"神经层"，使国民经济活动智能化。这是一百年前电气化以来最大的变化。他还估算了第二经济的规模，认为到2030年，第二经济的规模将逼近第一经济。信息技术的价值并不只是传统的硬件、软件和服务，信息技术融入人类社会和物理世界具有大得多的价值空间。为实现这些新价值，谷歌等公司采用了工业资本主义所没有的信息服务低成本社会化大生产模式，即让数以亿计的消费者免费为它打工，使得消费活动成为生产活动（李国杰，2013）。

> 美国工业界和学术界提出"第三次工业革命"的概念。人类经历了蒸汽机、电气化时代，到今天信息技术的大量应用，出现了"第三次工业革命"，主要观点可归纳为四种：一是奇点大学维

韦克·瓦德瓦（Vivek Wadhwa）教授提出，将人工智能、机器人和数字制造技术相结合会发生一场制造业的革命；二是《经济学人》杂志提出，当前正在经历的"第三次工业革命"，其核心是数字化制造，新软件、新工艺、机器人和网络服务正在逐步普及，大量个性化生产、分散式就近生产将成为重要特征，大规模流水线的生产方式将终结；三是杰里米·里夫金（Jeremy Rifkin）提出，互联网技术与可再生能源的结合，将使全球迎来"第三次工业革命"，进而带来人类生产生活、社会经济的重大变革；四是马修·伯罗斯、罗伯特·曼宁等合写的《2030年展望：美国应对未来技术革命战略》报告认为，世界正处在下一场重大技术变革的风口浪尖上，以制造技术、新能源、智慧城市为代表的"第三次工业革命"将在塑造未来政治、经济和社会发展趋势方面产生重要影响（见图1.8）。

图1.8　三次工业革命

德国工业界和学术界提出"第四次工业革命"的概念。在2013年4月的汉诺威工业博览会上，《把握德国制造业的未来——实施"工业4.0"攻略的建议》正式由德国的工业界和学术界（德国工程院、弗劳恩霍夫协会、西门子公司等）共同推出。"工业4.0"项目是2010年7月德国政府《高技术战略2020》确定的十大未来项目之

——旨在支持工业领域新一代革命性技术的研发与创新。其主要内容为：前三次工业革命源于机械化、电力和信息技术；现在，将物联网和服务应用到制造业正在引发第四次工业革命；未来，企业将建立全球网络，把它们的机器、存储系统和生产设施融入虚拟网络——实体物理系统（cyber–physical system, CPS）。在制造系统中，这些虚拟网络——实体物理系统包括智能机器、存储系统和生产设施，能够相互独立地自动交换信息、触发动作和控制。这有利于从根本上改善包括制造、工程、材料使用、供应链和生命周期管理的工业过程（Kagermann et al., 2013）。

国内有关专家提出"第五次产业革命"的概念。第一次在18世纪中叶，主导技术是蒸汽机将热能转换成机械能，英国率先由农业经济过渡到工业经济，工业总产值位居世界第一；第二次在18世纪末到19世纪初，主导技术是钢铁技术和机械制造技术，德国与英国抗衡；第三次在19世纪中叶到19世纪末，主导技术是电气化，美国成为世界上最有代表性的先进国家；第四次在20世纪，主导技术是半导体和激光，日本成为第二次世界大战以后发展速度最快的经济大国；第五次在20世纪中叶到21世纪初，主导技术是什么？美国1991年9月号《科学美国人》出版《通信、计算机和网络》专刊，分析21世纪信息技术发展趋势，警句是：未来在赛博空间（cyberspace）中工作、学习和繁荣发展。经过数次战争实践和研究成果，2009年5月29日，奥巴马政府决定把Cyber战略定为国家最高优先级，把2009—2010年定为Cyber战略跨越发展年，并开始谋划2020—2025年的Cyber战略。Cyber空间的核心要素是：不仅要增强信息的物理层和传输层的功能，更应重视信息的认知层与决策层的功能和充分发挥人在赛博空间中的作用。这与汪成为院士提出的建成未来"人机和谐的信息环境"的核心要素十分一致（见图1.9和图1.10）（汪成为，2013）。

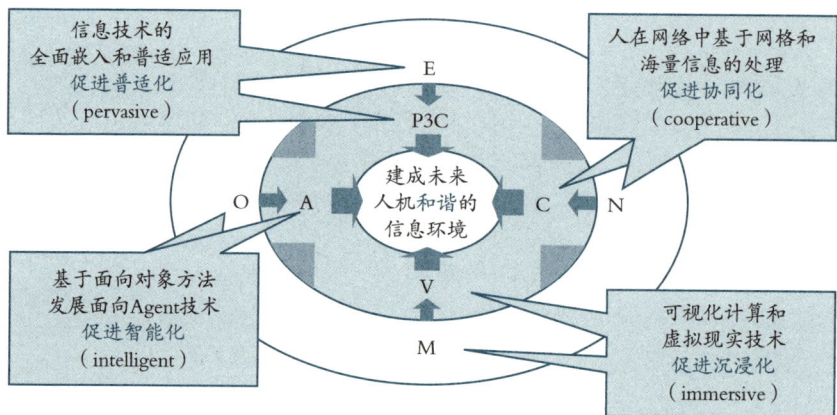

图1.9　21世纪初信息技术发展趋势

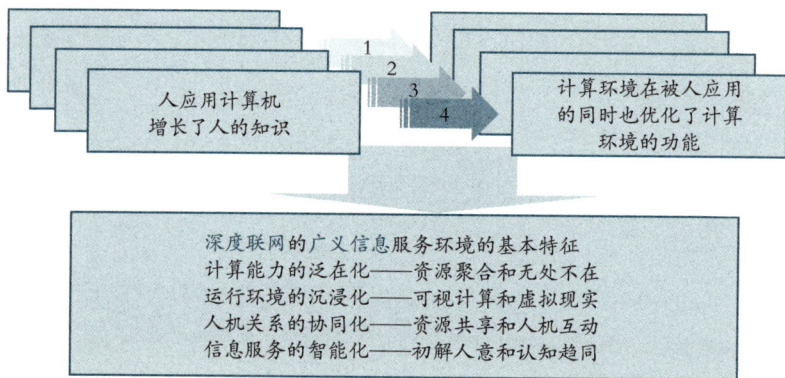

图1.10　人机协同信息环境的核心要素

中国工程院有关院士认为，"第二经济""第三次工业革命""工业4.0""第五次产业革命（Cyber战略）"等论点，其表述虽各有不同，但对信息技术应发挥的支撑作用的期望是基本一致（或将逐步趋同）的：不仅仅要提高信息技术物理层和传输层的功能，更应增强信息技术认知层和决策层的功能；应重视构建以人为主的"人机和谐环境"，并培养能管控这种环境的合格人才。基于这样的认识，对相关技术的发展趋势就会做出这样的判断：大数据的关键是如何从大量的"数据"中按照人的需求快速提炼出有效的"决策"；物联网的关键不仅是把"物"联起来，而且要确保"异构信息融合"和"时空一致"地实现"人机（物）和谐"；对信息安全与可信的需求将发生质的变化，云计算将成为安全和可信方面最应关注的领域；国家级的信息基础

设施的关键是应具有"自主可控""自适应""自修复"等性能。

> 实际上,新技术革命的重要特征之一是:使新一代传感器技术、互联网技术、大数据技术和工程技术知识融入城市的各系统,形成城市建设、城市经济、城市管理和服务的升级发展,由此将迎来城市发展的新时代——智能化。

诺贝尔奖获得者斯蒂格利茨提出的观点是:在 21 世纪初期,影响世界最大的两件事,一是美国的新技术革命,二是中国的城镇化。如果将中国的城镇化和新技术革命进行融合,不仅能促进中国城市智能化时代的到来,还可能会有更多新技术在中国诞生,中国无疑将对世界经济和科技的发展做出更巨大的贡献。

(三)用"智能城市"替代"智慧城市"的提法更适合中国国情

IBM 提出的"智慧城市",英文为"Smart City",其中"smart"一词,本意是机灵的、聪明的,并不直接对应"智慧"(wisdom)。其次,欧美已走过大规模城镇化和工业化时代,已无须进行大规模基础设施建设,当前城市的主要任务是管理与服务的智能化,因而其城市管理者的行政职能比我国市长狭窄得多。目前,我国现正处于工业化、信息化、城镇化和农业现代化"四化"同步发展阶段,遇到的困惑与问题在质和量上都有其独特性,我国城市发展的内涵与实践也远比欧美的"Smart City"要丰富得多。所以,中国城市智能化发展路径必然与欧美不同(见图 1.11),仅从他们的角度解读智慧城市,难以解决中国城市发展的问题。

实际上,"智慧城市"的概念主要是想把 IT 系统运用到城市的管理过程中,如智能医疗系统等具体项目。从中国城市发展的客观规律看,如果"智慧城市"建设缺失"市长视野",建设目标没有解决城市的主要矛盾,如没有实现经济发展的升级换代和中国特色的城市规划,那么城市的智能化发展就失去了灵魂。试想一下,一个城市,如果仅仅一味地使用工具,头痛医头、

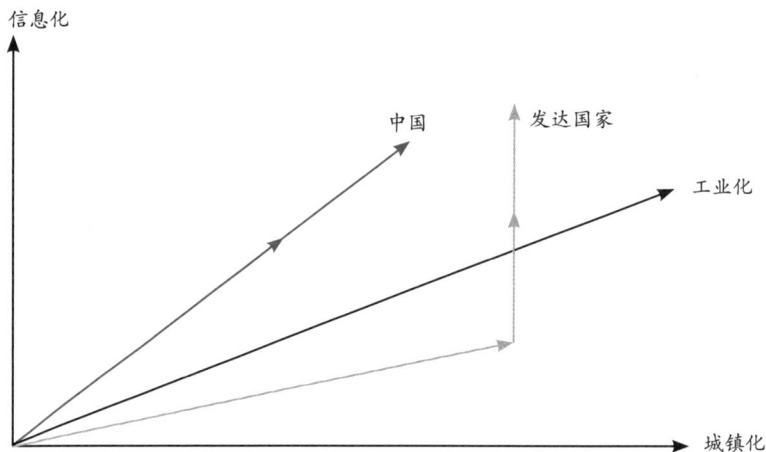

图 1.11 我国与发达国家的发展轨迹比较

脚痛医脚，缺乏长远规划，那么城市如何建设？社会怎么和谐？经济怎么增长？居民谈何幸福？

研究认为，"smart"一词不适用中国特色的发展，建议重新定义，提出用"智能城市"（Intelligent City, iCity）概念取而代之。在与国家有关部委、地方政府以及参与课题研究的专家学者大量的交流和座谈中，无论是官员、学者还是各界代表，他们对"智慧城市"的理解都已经向更宽泛的视野展望。"智能城市"的中国定义，已完全不同于最初"Smart City"的概念，他们想做的是城市的 IT 智能系统，而中国需要构建的则是智能化的城市。因此，建议我国使用"智能城市"（iCity）的概念，更适合中国国情。对于拥有广大农村的中国城市而言，建设智能城市的实质就是让一个城市能够又好又快又省地智能化发展，就是要将我国新型城镇化、深度信息化和工业化升级版深度融合，使城市能够集约、绿色、宜人、安全、可持续发展。

第2章

i City 智能城市建设的内涵与意义

一、智能城市的定义

IBM 给出"智慧城市"的定义为:运用信息和通信技术手段感测、分析、整合城市运行核心系统的各项关键信息,从而对包括民生、环保、公共安全、城市服务、工商业活动在内的各种需求做出智慧响应。IBM 定义的实质是用先进的信息技术,实现城市智慧式管理和运行,进而为城市中的人创造更美好的生活,促进城市的和谐、可持续成长。

工信部电信研究院通信标准研究所给出"智慧城市"的定义为:将现有资源进行整合,包括数据的智慧整合、应用整合、感知网络整合。数据的智慧整合打破信息孤岛,实现城市级的信息共享,加强数据的统一管理,实现数据的准确性和及时性,建立从数据转化为价值的体系,实现数据从部门级到城市级的提升;应用整合通过基础能力、服务与流程的全面集成,统一整合城市运营和产业,实现城市一体化运营,基于应用,聚合门户,提供统一的智慧应用服务,实现整个智慧城市运营产业链的高效协同;感知网络整合视频监控、传感器、射频识别(radio frequency identification,RFID)等多种感知网络,实现对城市感知网络的统一监控和管理,并在此基础上进行城市运营感知数据的统一分析与优化,从而实现对城市运营的智能管理,提供更有效的城市服务。

中国城市科学研究会数字城市专业委员会认为,"智慧城市"架构在城市实景模型上,以城市建(构)筑物为承载主体,以城市中的人、企业、城市设施为基本要素,融合城市资源、环境、社会、经济、信息,采用物联网等技术获取动态城市运行数据,在城市公共信息平台上集成各种行业应用。

《全球趋势 2030》给出的"智慧城市"的定义为:利用先

进的信息技术，以最小的资源耗费和环境退化为代价，实现最大化的城市经济效率和最美好的生活品质而建立的城市环境。该定义高度概括了在信息技术、产业经济、体制机制等不同背景下对智慧城市的共性认识。

目前，关于"智慧城市"的理解有多种观点，大致可以分为工程项目、深度信息化、城市系统三种观点。

我们研究提出的智能城市（iCity）更多的是从城市的整体"三元空间"出发，通过对各种数据的集成，在充分运用数字化、网络化和智能化等技术的基础上，通过对知识技术、信息技术的高度集成与深度整合，根据城市经济社会发展与市民的需要进行有效服务，使得城市在发现问题、解决问题等方面具有更强的创新动力，使城市更具生命力和可持续性发展能力，形成新的城市发展形态与模式。这样不仅可以从经济、社会和服务方面给予市民直接的利益，更能让他们实时感受到触手可及的便捷、实时协同的高效、和谐健康的绿色和可感可视的安全。智能城市的社会价值主要体现在可以有效解决城市病、拓展产业发展领域、使居民创业就业生活满意等方面；智能城市的经济价值主要体现在它是城市经济增长的倍增器。

> 我们提出的智能城市（iCity）的定义是：科学运筹城市三元空间（PHC），巧妙汇聚城市市民、企业和政府智慧，深化调度城市综合资源，优化发展城市经济、建设和管理，持续提高城市发展与市民生活水平，更好地服务市民的当前与未来。简而言之，运筹好城市三元空间，提高城市发展与市民生活水平。

二、智能城市的主要特征

智能城市是在新一代信息技术和知识经济加速发展的背景下，以互联网、物联网、电信网、广电网、无线宽带网等网络组合为基础，以信息技术高度集成、信息资源综合应用为主要特征，以智能技术、智能产业、智能服务、智能管理、智能生活等为重要内容，致力于能够自我修正并及时解决城市经

济、社会、生态等关键问题的城市发展新形态。其主要特征有以下几点。

（1）以人为本。以人的需求为根本出发点，以个体推动社会进步，以人的发展为本，实现面向未来的数字化、智能化，让生活在城市中的人类更加方便与安全。

（2）全面感知。利用泛在的智能传感，对物理城市实现全面综合的感知，对城市的核心系统进行实时感测，实时、智能地获取物理城市的各种信息。

（3）互联互通。通过物联网使城市的所有信息互联互通。

（4）深度整合。物联网与互联网系统连接和融合，将多源异构数据融合为一致性的数据。

（5）协同运作。在不断夯实和完善城市基础设施的同时，充分利用城市智能信息系统设施，实现城市三元空间的高效协同运行，保证城市正常运行与可持续健康发展。

（6）智能服务。在城市智能信息设施基础上，利用大数据和云服务的新模式，充分利用和调动现有的一切信息资源，通过构架新型服务模式和新的服务系统结构，对海量感知数据进行并行处理、数据挖掘和知识处理，为人们（主要指政府、企业、市民等）提供各种不同层次的低成本、高效率的智能化服务，即决策与认知服务。

三、我国智能城市建设与推进的重要意义

纵观发达国家的经济发展史，其在不同的发展阶段遇到了不同的发展机遇，而我国真正意义上的经济发展是从 1978 年后开始的，期间抓住了不少的发展机遇，得到了很好的发展。目前，我国正处于经济发展的关键期，不可能再遇到发达国家曾遇到过的发展机遇，但是我们需要清醒地认识到，不同的时期一定会有不同的发展机遇。智能城市建设与推进只要能够推动工业化、信息化、城镇化和农业现代化同步协调发展，能够成为实现新型区域发展的重要基础，能够推动城市产业转型发展，能够提高城市管理服务的内涵与质量，能够提高城市效率、特色与文化的内涵等，就可以解决既现实又迫切的

世界性难题。我们认为，中国定义的智能城市建设与推进将有可能破解这个难题，并具有深远的历史和现实意义。

（一）推动工业化、信息化、城镇化和农业现代化同步协调发展

党的十八大报告指出："坚持走中国特色新型工业化、信息化、城镇化、农业现代化道路，推动信息化和工业化深度融合、工业化和城镇化良性互动、城镇化和农业现代化相互协调，促进工业化、信息化、城镇化、农业现代化同步发展。"我国当下的时代特征是"四化"同步发展，而智能城市（iCity）恰好处于"四化"交汇体上，因此已成为我国重要的发展机遇。推动智能城市建设，能够更好地发挥我国城市管理体制机制优势，对我国全面深化体制改革与发展起到积极辅助作用，并能作为"四化"同步发展的基本平台，成为我国经济社会发展的重要抓手，跳过所谓的"中等收入陷阱"（见图2.1的②），走出一条具有中国特色的新型城镇化（城市化）发展之路，且对世界产生重要影响。

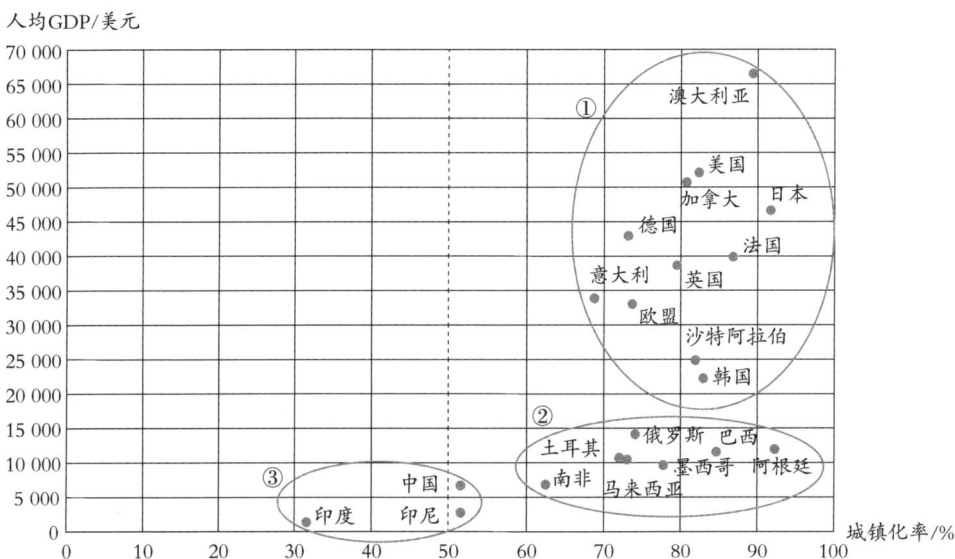

图 2.1　2012 年有关国家城镇化率与人均 GDP 的情况（数据来源：世界银行）

（二）实现新型区域发展的重要基础

我国区域经济发展战略具有整体性、全局性、系统性、动态性等特点。区域经济的发展目标是建立一个纵横交错、相互依托和影响、层次分明的网络体系。党的十八大后，党和国家审时度势，提出了丝绸之路经济带、海上丝绸之路、中国（上海）自由贸易试验区、京津冀协同发展、长江经济带等新型区域发展战略思想。这些国家战略，从点到线再到面，从陆上到海上再到海外，从沿海到内陆再到沿边，大开大阖，以"国内外联动、区域间协同、外部协同与内部协同并重"理念为统领，打破了单纯的行政区划甚至国界限制，把区域经济规划扩大到跨市、跨省乃至跨国，力图使生产要素摆脱行政区划束缚，必将引领中国区域发展迈进新的时代。而作为"点"，智能城市的建设正是实现新型区域（"线与面"）发展的重要基础。

（三）推动城市产业转型发展

技术创新驱动是城市产业发展的重要手段。信息技术、自动化与制造技术、资源技术、健康技术等新技术的日新月异，使城市建设有了新的方法和构建模式。智能城市建设与推进，有利于中国产业走出一条科技含量高、经济效益好、资源消耗低、环境污染少、人力资源优势得到充分发挥的新型工业化道路。在产业结构调整的同时，新的就业人群不断增加，其素质与知识含量会得到较大的提升，从而为市民创业与就业及企业的发展做出重要贡献。

通过技术创新驱动，城市产业发展主要有三方面的好处。一是减少资源能源消耗、提高效率、降低成本，通过信息技术与产业发展的深度融合、产业自身先进技术的研发与应用，从而达到产业升级与改造。二是城市新兴产业较有可能在如下 12 个领域中产生：①信息领域，芯片、互联网、智能技术、聚合技术（如信息和生物、认知、纳米等技术融合）；②生物医药领域，疫苗、药物、诊疗技术与设备；③材料领域，能源材料、信息材料、高性能结构材料、生物医用材料、前沿材料（如碳纳米管、石墨烯、超导）；④能源领域，各种能源高效清洁利用、节能智能电网；⑤航空领域；⑥航天领

域；⑦农业领域，分子育种、生物反应器；⑧海洋领域，海洋探测、运载、生物资源、生态与环境；⑨环保领域，水、土、气保护与监测、资源循环利用；⑩制造领域，智能制造、传感器、智能诊断；⑪新能源车领域，电池、电机、电控、车结构；⑫现代服务业领域。三是品牌创造，品牌的创造不是一朝一夕的事情，需要通过长期的积累和市场的持续考验，主要通过3种形式：①依靠体量，如中石油、中海油、中国移动、工商银行等；②依靠长期声誉，如西门子、IBM、丰田等；③依靠创新，如微软、苹果、华为等。

【案例2-1】制造技术从机械化、自动化、数字化走向智能化，智能制造是信息化和工业化深度融合的新模式。值得一提的是，美国现在正在兴起创客（makers）浪潮，就是通过DIY（自己动手）加3D打印的制造方法，个人在家中用计算机从事创意性的制造活动，即用信息化共享创造（创意加制造）平台，创业兼就业，再创辉煌，也是所谓的"第三次工业革命"使制造业又一次回归城市。如与美国NASA合作的一家快速制模公司，使用了选择性激光熔化工艺打印火箭喷射器模型，工艺使用镍铬合金粉末，逐层打印出产品，从原来由115个部件组成到只由两部分组成，从原来需要约半年时间到只需不到一个月即完成，成本节约了一半。

信息服务业将成为城市产业的重要增长极。大量的互联网应用、海量数据的高速传输、物联网海量终端间的实时信息交互、数十亿人的实时交往和交易，使得信息网络技术正朝着"宽带、泛在、移动、融合、安全、绿色"的方向发展，也即所谓的"第二经济"。超高速网络、泛在网络技术、4G无线技术、网络融合技术、绿色网络技术以及移动互联网、人体局域网、车联网等基于互联网的新技术、新业务、新形态不断涌现。值得引起重视的是，2013年，我国网络经济市场规模同比增长50.9%。互联网尤其是社交网络、电子商务与移动互联网把人类社会带入了一个大数据和知识挖掘新时代。数据已经渗透到每一个行业和业务职能领域，成为重要的生产因素。大数据和

知识挖掘将逐渐成为现代社会基础设施的重要组成部分。大规模数据及其处理使以往无法想象的服务和业务成为可能,这将带来难以想象的新市场。中国是世界上最复杂的大数据国家,拥有庞大的人群和应用市场,复杂性高、充满变化。我们需要认清大数据时代的规律和特点,探索以大数据为基础的建设方案。这将是提高城市市政服务、产业发展效率的重要手段,也是市长推动大数据、物联网技术与运用的最佳时机。

【案例 2-2】在大数据中发掘知识,为市长决策、协调发展服务,例如政务信息(电子政务、社区)、企业信息(网上设计、网络制造、健康信息)、文化信息、科研信息、决策信息等。

【案例 2-3】在支撑科研的"材料基因组工程"中,过去一种新材料的研发,从实验室到市场,平均需要18年,而"材料基因组工程"创建一个材料结构特性的数据库,按需求材料的性能,搜索出最有可能的化合物进行实验,可大幅缩短产品开发时间,还可以从中寻找科学规律等。可见,信息服务业正成为我国企业投资和居民消费快速增长的新动力。

总之,智能城市建设与推进,可充分运用信息等新技术,有利于我国在新型工业化道路上实现城市产业向集约型转变,特别是有助于推动制造业及服务业的变革,物质增量减慢,价值增量增快,附加值提高(见图2.2);有利于各种电子商务、大数据、云计算、物联网技术的运用与集成,实现信息与网络技术"宽带、泛在、移动、融合、安全、绿色"发展,促进城市产业效率的提高,形成新的生产要素;有利于市民素质与知识能力提升,为创业、就业创造新条件。

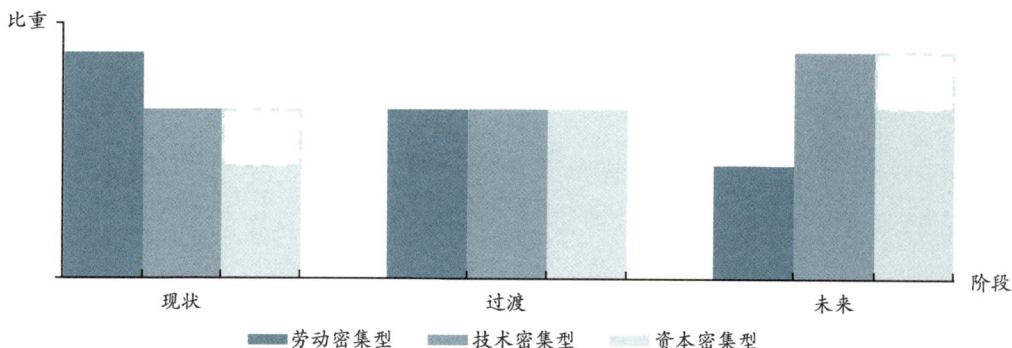

图2.2　产业转型发展路径

（四）提高城市管理服务的内涵与质量

智能城市建设与推进的价值在于尽可能用最小的资源能源消耗和时间消耗，使人们获取最大的满足和快乐。例如，市民足不出户即可享受便捷贴心的服务；多样便捷、绿色智能的交通，连续、整合、高效、成本可控的医疗健康服务，安全、绿色的有机食品，新鲜的空气和舒适的居住环境，终身的个性交互式的教育，随时随处可得的知识资源以及公平、正义的生存环境等。

智能城市建设与推进能优化城市管理，"物联网＋互联网＋云计算＋大数据"模式能及时准确地对城市服务与管理和社会公用安全做出响应。智能城市建设与推进能促进城市大数据收集归类，形成城市大数据平台和知识中心，从有限信息下的简单决策发展到城市系统信息下的最优化决策，帮助政府提高城市管理服务水平，并促进深化城市行政体制改革与发展。

（五）提高城市效率、特色与文化内涵

我国的城市建设与发展存在着诸多挑战。通过智能城市建设与推进，一方面，我们可以运用新技术改善城市建筑、道路、环境等规划，提高使用效率；另一方面，城市特色和文化是城市的魅力所在，是城市景观和形象的生命力，也是一种独特的精神。我国许多城市因为鲜明的历史意义和深厚的文化底蕴而备受世人瞩目，世界上也有许多城市因为有独特的城市特色和丰富的文化而

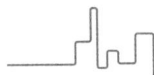

名扬天下。城市特色文化已经成为许多大城市促进地方经济社会均衡和谐发展的重要力量。智能城市建设与推进，可以充分运用新技术，在维护城市历史风貌、保护文化遗产、传承本土文化等方面大有作为，可以使城市特色与文化得到进一步的升华。同时可以防止一些城市"圈地造城""削山造城""水泥森林""欧洲古城"等没有本地特色与文化的所谓"形象工程"。以都江堰为例，都江堰是世界上最古老、规模最大、效益最好、两千多年来仍在发挥重大作用的生态环保水利工程并造福人民，当年李冰修都江堰的行事方法是：因地制宜、代天行化。因此，为了与全球化的同质性倾向相抗衡，中国城市建设已经到了应花费时间、金钱和心思去保护其独特精神的时候了。

四、发展愿景

智能城市建设将促进城市经济社会深度发展，愿景可能有以下五个方面。

（一）生产力要素极大释放，经济发展方式明显转变

由于生产技术的智能化，生产力将得到极大释放，并引起生产原料重新进行集约式分配，带来生产方式的变革，经济发展方式得到明显转变。这些将使百姓生活更加方便，所需商品价格进一步下降，城市居民的满足感不断提升。

（二）城市空间布局发散，百姓交流和城市监管走向零距离

由于城市智能化的发展，城市空间布局会不断分散，人群居住地点也不断分散，但人与人之间的交流走向零距离。城市的管理、服务与监督将使中央、部委和地方政府为企业和居民提供的服务走向零距离，百姓对政府的监督走向零距离。

（三）居家办公逐步普及，有效疏解交通，促进节能与环保

由于通信和网络技术的智能化，相当一部分在职人员可在家办公，只要制定好相应的规则，可使居家工作与生活双赢、工作人员与所在单位双赢。

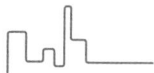

仅以白领为例，如北京市按 10% 算，至少可有 170 万人在家上班，不仅工作日交通高峰拥堵可大大缓解（按每 1.7 人一辆车计算，工作日交通高峰时段至少可减少 100 万辆轿车），轿车尾气排放和办公楼能耗大大减少，工作效率还可大大提高。随着在家办公人员的不断增加以及城市智能交通体系的不断完善，人们工作日出行高峰时段将由集中（上下班）向离散转变（出游、购物、走亲访友等），从而改变人的生活方式。

（四）居民生活工作学习深度融合，人与社会游戏规则不断完善

由于信息资源共享技术的智能化，社会安全（人为与自然）提示功能将更加完善，使人们更具安全感；智能医疗的发展，从治疗为主前移至预防为主，使人们的生活质量提升；网络教育的普及，使人们从教室走向可自我选择的任何地方，并促使人们自觉接受终身教育；电子商务和网络智能服务的发展，使人们的消费、就业和创业观发生转变，并更加注重社会诚信建设等。城市智能化，将使社会更加公平；将使城市居民的生活、工作和学习深度融合，其价值观、人生观、世界观将进一步升华，并将更加个性化和多样化；在抑制浪费、提高能效、改善环境、疏解交通等可持续发展方面，人们将更加注重其应尽的社会责任；在社会秩序方面，人们更加期盼相适应的法律法规的完善。

（五）"认识人脑、开发人脑、利用人脑"行动成为新亮点

随着数字化、智能化时代的到来和新材料、新工艺、新技术的不断涌现，以及医学研究的突破，发达国家开始着手对神秘的人脑开展研究与应用（奥巴马在 2013 年 2 月 13 日的国情咨文中提到，未来美国有可能投资数十亿美元于人脑研究项目；欧洲也有类似计划）。在城市智能化的过程中，通过对人的大脑的研究与不断的认识，边开发、边应用的行动将迎来一个新高潮，使智能城市建设更加人性化。

第3章

iCity 我国智能城市建设的
目标与内容

一、智能城市建设与推进的指导思想、基本原则与设想

（一）指导思想

以科学发展观为指导，坚持"以人为本、与时俱进；试点先行、以点带面；立足长远、百年大计；中国特色、因地制宜；政府主导、市民参与；环境友好、安全健康；自我适应、巧妙发展"的指导思想，围绕全面建设小康社会的总体目标与要求，以全面提升城镇化发展质量和水平为宗旨，统筹城市发展的物质、信息和智力资源，增强创新引领新动力，激发市场主体活力，建立现代产业新体系，加强信息安全保障能力，有效提升城市社会管理和公共服务水平，提升城市的土地、空间、能源等资源利用效率和综合承载能力，改善城市生态环境质量，提升城市居民生活幸福感受，健康有序地推动有中国特色的智能城市建设。

（二）基本原则

顶层设计、差异发展；统筹兼顾、分步实施；动态调整、虚实结合；建用并重、注重实效；开放经营、效能驱动。中国智能城市建设是一项复杂的巨系统工程，是关乎中国社会近期和长期发展的战略问题。由于各地城市发展历史与阶段各不相同，发展区域环境和文化差异各不相同，因此需按照客观规律办事，考虑近期、中期、长期阶段发展，分类进行战略性顶层设计，确保智能城市发展的战略性、前瞻性、可持续性；不求全面统一发展模式，根据城市发展差异，设计差异化发展策略，保持城市文化和环境特色；统筹兼顾城市各方面的发展需求，根据轻重缓急的要求，分步骤进行相应的项目实施。

（三）基本设想

构建和谐、宜居、集约、创新、公平、高效和安全的智能城市。充分利用现代科学技术成果，以市长的眼光，通过打破城市条块管理的"管理墙"界限，破解城市管理机制体制障碍，破解城市发展与环境、资源、空间等矛盾，破解城市发展的信息和知识获取瓶颈，构建完善的组织保障和政策体系，保障社会公平、公正，奠定城市健康、高效发展新机制的基础，实现城市的智能管理与服务、智能生产与经营和智能生活与保障等协调发展；进一步提高城市基础设施智能化综合水平；通过先进、安全的信息技术措施，保障核心领域和信息系统的信息安全，最终实现政府满意、公众满意，使中国城市具有更广泛的国际影响力与竞争力。

二、智能城市建设与推进的目标

从图3.1中可看出，发达国家与城镇化率较高、人均GDP不高的国家发展轨迹不同。图3.2进一步绘制了图2.1中第①组国家和第②组国家的发展平均轨迹，可见，在城镇化率达到55%之前，两者轨迹相同；而在城镇化率处于60%～70%阶段中，两者发展斜率不同，已见端倪；当城镇化高潮（70%左右）过后，前者人均GDP陡然上升，而后者依然缓坡发展。研究认为，中国的发展正处在一个关键时期，未来15年，能否提高我国工业化和城镇化水平，事关我国能否顺利绕过所谓"中等收入陷阱"的百年大计。为此提出：要系统推动中国的一批重要城市实现智能化发展和产业升级，包括构建城市智能应用系统、基础设施和城市大数据平台，形成运行高效、产业水平提升、就业率得到保证、市民生活水平提高的城市发展新模式。要使我国在2020年前（城镇化率近60%时），人均GDP超过1万美元；在2030年前（城镇化率近70%时），人均GDP超过1.6万美元。即选择图3.2中①的发展路径，及时构成一个高效率、智能化的经济结构，从而确保此后人均GDP持续稳定上升。

人均GDP/美元

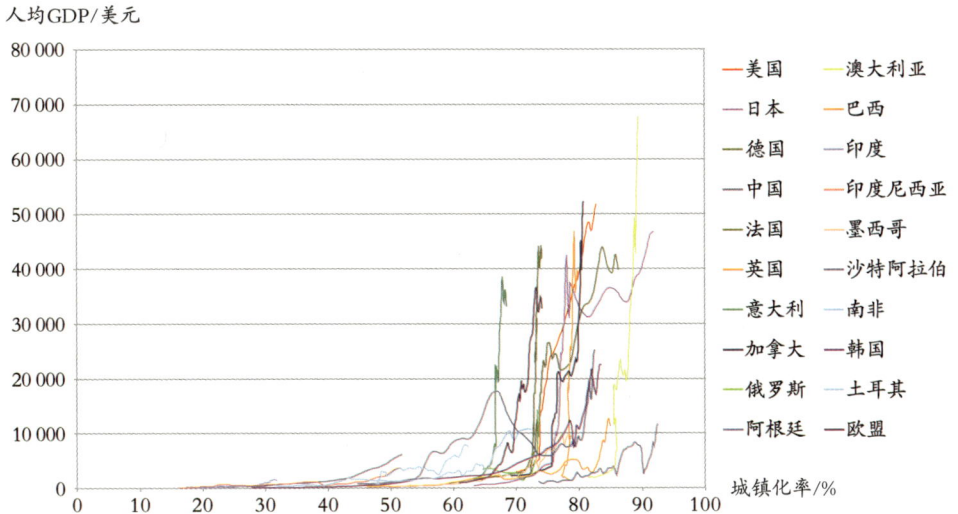

图 3.1　有关国家城镇化发展情况（来源：同济大学课题组）

人均GDP/美元

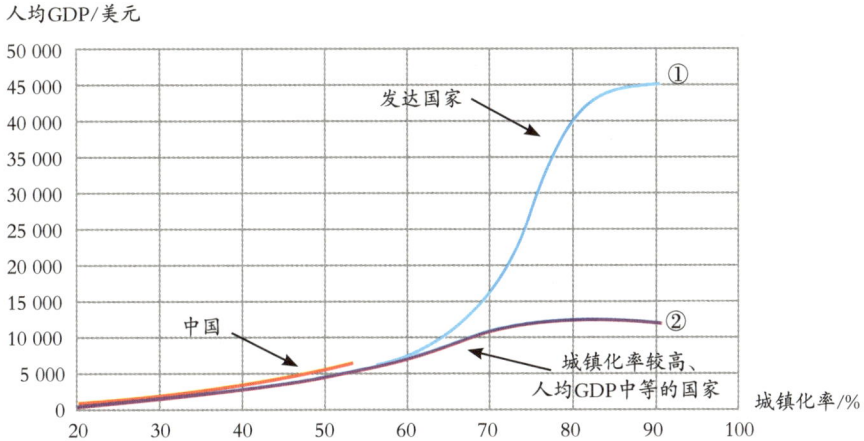

图 3.2　图 2.1 中①与②国家的平均发展轨迹

三、我国智能城市的重点建设内容

智能城市重点建设内容主要是：深度互联的城市信息网络，对城市的资源、环境、基础设施、产业等显性生态要素进行全面感知；对城市经济、科

技、文化、管理等理性要素进行智能决策，构建多元互动、协同创新的共享信息平台，提升市民素质，推动就业，拉动消费，实现智能配置资源和公共服务响应；营造以人为本的美好家园。重点建设内容主要有如下建议。

（一）城市建设的智能化

1. 城市经济、科技、文化、管理

在城市经济、科技、文化、管理方面，开展可持续生态经济建设，形成中国制造、工程、服务三者联动与协同创新驱动发展，推动本土物联网相关产业的发展，把握新一轮经济增长机遇；集中多方资源，协同开展核心技术攻关，形成自主创新能力，以自主创新技术推进带动新兴产业发展；推动城市创新型文化的形成，构建公共文化服务体系丰富文化生活，弘扬文化遗产，塑造传播城市文化形象，推动核心价值观形成价值认同；建立开放的、泛在的、公平的教育体系，促进不同文明的交流与对话，在中华文化与西方文化的融合中实现中华文化的创造性转化和创造性人才的培养。构建全社会参与的开放式多元化的管理主体架构，营造打破条块分割的"节点式网络化"管理形态；建设"集成型高科技含量"的智能化管理服务体系，贯彻群众路线，实现数据、信息和知识共享，建设全民参与的公共决策与管理平台，提升社会管理的透明度，实现社会和谐和人的全面发展。

重点建设内容建议是：①形成制造、工程、服务三者联动和政府、企业、科研机构协同的城市创新网络平台与体系；②形成多元、创新性的城市文化体系和以培养创造力为核心的开放、公平的教育体系。

2. 空间组织模式、智能交通与物流

在城市与区域规划领域形成"全面感知—准确判断—适当反应—自我学习"的智能机制，建立以智能布局选址、优化城市空间结构和基础设施、降低资源能源消耗和城市运行实时监测响应为目的的智能化的城市空间组织模式。建立城市总体规划、土地利用规划与交通规划的一体化机制；建立开放可扩展的智能城市规划支撑平台，深入推进城市分析模型和决策模型的研

发，推进大数据支持城市规划模型研发；建立城市规划经验决策系统、城市规划公众参与系统；建立整合的城市和区域经济社会空间基础信息监测与分析系统。

建立集空地协同交通状态感知、信息交互处理和集成技术为一体的城市综合交通信息云平台和交通大数据中心；实现不同交通方式之间运营协同化，显著提升城市交通综合运营效率，实现城市交通智能分析与决策支持；提供基于互联网的手机移动终端、车载导航移动终端、移动电视终端等的交通信息服务，实现从大众化交通服务到个性化交通服务的转变，能够为乘客提供交通引导、停车引导、捕捉乘客出行习惯主动推送交通信息、智能旅游等服务功能；建立起以城市智能交通信息平台为基础的规划决策和运营反馈一体化的交通规划建设机制。

在智能物流领域，构建社会物流服务平台，包括基础设施平台、公共信息平台和产业政策平台，以支持工业企业与商业企业服务从传统运作模式向现代运作模式的转型；通过对运输系统的改造，建立实时、高效的运输体系，提供新型物流服务；构筑城市物流服务平台，建立不同层级的配送网点，满足多样化、移动化、个性化的电子商务发展需求。

重点建设内容建议是：①建设智能城市规划公共平台、国家城镇化智能监测与调控平台；②建设交通感知网络、资源共享平台以及交通运行智能化分析和决策支持平台；③建设支撑城乡一体化商业服务的物流体系、配合电子商务发展的城市物流配送体系、满足现代工业转型发展需求的工业物流体系、适应国际贸易的集约化运作体系等四大智能物流服务体系。

3. 智能建筑与家居

在智能建筑与家居方面，以"顶层设计、市场主导、注重实效、加强管理"为原则，以功能需求为导向，建设能够真正实现保障安全、加强管理、提高工效、节约能源的建筑智能化系统。建立新的智能建筑技术体系与管理体系，改变智能建筑领域技术与实际工程应用脱节的现状；顺应建筑发展的需求，使建筑智能化满足我国城市可持续发展和节能减排的需要；建立我国自主知识产权的智能建筑技术体系，打破国外技术垄断，使智能建筑成为

"中国创造"战略的组成部分。

重点建设内容建议是：①在智能建筑（公共建筑）方面，建立贯穿全生命周期的智能化系统建设与管理机制，建立智能建筑产品及数据标准，开发与推广应用具有自主知识产权的先进智能建筑系统；②在智能家居（住宅建筑）方面，建立智能家居产品与数据标准，建立智能家居技术导则，引导智能家居产品开发与应用的实效性发展。

（二）城市信息基础设施的智能化

1. 信息网络

在信息网络方面，建设具有泛在智能、开放共享、异构融合、无缝移动、安全可信、绿色节能、简单透明、灵活扩展等特征的城市信息网络基础设施，打造资源虚拟化、计算服务化、管理智能化的新一代云计算网络平台；推进 2G、3G、4G 甚至更高级一代与 WLAN 网络的融合发展，打造以宽带化、扁平化、融合化为核心特征的基础信息通信网络，推动电信网络基础设施共建共享和广电网络的双向改造，加大家庭信息网络的建设，加快未来网络技术的科研与产业布局。建设支撑智能城市多样信息并具备高性能计算、存储、传输能力的综合信息平台，建立涵盖政府管理、公众生活、行业发展等方面的多样泛在的知识与信息中枢，打造整个城市运行与管理的"指挥部"和"参谋部"。

重点建设内容建议是：①构建泛在融合、宽带高速、安全可控、绿色节能的智能城市信息网络基础设施；②打造覆盖城市管理、产业发展、人民生活的信息枢纽中心，以及高质量的开放式云服务数据中心。

2. 地理信息基础设施

以多尺度、多分辨率、多源数字城市地理空间框架为基础，将"空间基准"提升为"时空基准"，将"二维地理信息＋三维可视化表达"提升为"统一时空基准的四维地理信息"，将"事后分析＋辅助决策"提升为"实时分析＋实时决策"。按照时空基准体系、智能感知接入与融合平台、地理

空间信息集成管理平台、智能分析决策与服务平台，实施地理信息基础设施建设；加强对描述各类型传感器及其相互联系的通用规范编码框架、统一时空下的多源传感器信息实时接入与关联、多源异构信息的自主加载与内容融合、面向变化的高效信息更新等核心技术攻关。

重点建设内容建议是：①按照智能城市构架进行地理信息基础设施顶层设计，以多源、多尺度时空地理信息为核心，建设统一的、权威的国家地理信息基础设施及公共服务平台；②建立以地理信息为基础的各类信息整合机制，研究统一时空下的多源传感器信息实时接入与关联、多源异构信息的自主加载与内容融合、地理空间信息实时分析决策等技术，建立地理信息位置云服务模式。

3. 大数据与知识处理

在智能城市的信息中心建设与知识处理方面，首先，要建立智能城市知识中心和信息处理大系统的体系结构和框架，并与数字化城市、信息化城市、智慧城市等已有的信息资源相互衔接，实现信息资源弹性耦合接入；建立智能城市各类信息（如水、电、油、气、交通、教育、医疗、图书馆、网站等公共服务信息、公共安全信息）采集的参数体系以及智能城市核心要素的元数据库及其标准体系、处理技术体系；研发智能城市各类管理资源信息获取、传输和存储管理的大数据集成管理与处理技术；研究并设计智能城市信息处理与知识挖掘、发布、传播的支撑技术。其次，要规划布局，使智能城市知识中心布局与城市规划体系融合为一体。再次，要厘清智能城市管理模式，研究并设计智能城市信息资源建设、管理的体制机制、政策保障机制，促进智能城市各类数据信息融汇、聚集，为建立知识中心和信息处理中心破解"管理墙"障碍。最终，以云计算技术为支撑，以大数据管理和处理为手段，建立涵盖政府管理、公众生活、行业发展的知识中心中枢；打造整个城市运行与管理的"指挥部"和"参谋部"；构建市民、政府、企业共同参与、协同创新、终身学习的科技文化新中心。

重点建设内容建议是：①智能城市大数据中心总体架构与信息融合关键技术；②智能城市大数据管理、知识发现、辅助决策关键技术。

（三）城市产业发展的智能化

1. 智能制造和设计

在智能制造方面，利用新一代信息技术，如云计算、泛在网络、Web 2.0、嵌入式系统、人工智能、新型传感器等技术，开展智能制造装备、智能制造系统、智能制造服务系统、智能工厂、云制造系统等研究，不仅实现体力劳动、重复性工作、危险和危害健康工作的自动化，还实现超出人的控制能力的复杂工作的自动化，实现近零排放的绿色制造，实现高效的分布化制造，使制造企业回归城市，成为居民的好邻居。

在智能设计方面，利用新一代信息技术，开展产品模块化且基于知识的设计专家系统、协同创新设计系统、面向协同设计和制造的网络零件库等研究，不仅要支持产品设计信息化和协同化，还要充分调动全行业、全社会的协同创新能力，促进知识的积累、共享、有序化和有效应用，显著提高城市的创新能力，促进经济的转型升级。

重点建设内容建议是：①建设数字化智能工厂；②建设面向中小企业的云制造系统。

2. 智能电网与智能能源网

构建具备智能判断与自适应调节能力的分布式调度管理的城市电力网络，集成和使用分布式发电特别是可再生清洁能源发电，应用大量的嵌入式智能设备、分布式计算和通信技术对城市电网运行状态进行实时监测、分析和控制，使其具有自愈和事故后快速恢复的能力，通过双向的可见性，倡导、鼓励和支持消费者参与电力市场和提供需求响应，从而确保高效、高可靠性、高电能质量和价格合理的电力供应，并为插入式（混合）电动汽车、分布式光伏发电和储能、节能楼宇等技术应用提供支撑。

在城市智能电网基础上，向着"低碳高效、梯级利用、智能调配、优势互补"的目标发展城市智能能源网络。以信息通信技术和智能数据中心为依托，使之具备帮助人脑决策和替代人力劳动的智能特征，打破原有的相对孤立的能量利用系统，按照节能减排的基本原则，有机整合涉及智能燃气、智能电网、智能水务、智能热网、废弃物资源等多行业间的能源资源输运和分配，建立革命性的能源生产和消费模式，实现能源流的高效转化和利用，在向智能能源网络发展的统一框架下，制订对能源与环境问题的一揽子解决方案，依托城市智能电网建设能源智能调度平台，形成崭新的城市基础设施建设支撑和保障系统。

重点建设内容建议是：①集成和使用分布式可再生能源发电，构建城市电网的高效运行与能效管理系统；②以节约型消费和环境承载力为综合导向，构建多种能源资源的智能化调配系统与服务平台。

3. 智能商务与金融

在智能商务方面，主要开展顶层设计、安全保障、平台建设、应用推广、政府扶持等各项工作。由商务部和工信部等部门联合制订全国智能商务实施规划和专项行动计划；制定智能商务技术标准、完善商务信息安全法规；重点建设商务信息公共服务中心、全国性和全球性智能商务运营平台（如智能商城）；实施大型企业和重点行业智能商务示范工程，推动电子商务向全程智能商务模式发展，深化和拓展智能商务在工业、农业、商贸流通、交通运输和城乡消费等领域的应用；对智能商务技术研发及平台项目或企业进行财税扶持。

在智能金融方面，主要以创新和深化应用模式为重点，以市场为导向，以社会需求、客户需求为中心，以大型金融机构为依托，跟踪互联网金融的发展趋势，加强金融信息资源的深度开发，整合智能金融与智能商务、智能制造、智能医疗、智能教育等其他领域的信息资源；引导建立统一数据平台和金融云，实现不同行业、不同规模的各金融信息系统之间的数据共享；推动有代表性的金融机构开展智能金融建设的试点；建立金融信息资产安全等级保护制度，加强金融信息安全风险评估，完善金融信息安全监控体系，提高对网络安全事件的应对和防范能力，完善信息安全应急处置预案以确保我国金融安全，提升智能金融业在现代服务业中的地位。

重点建设内容建议是：①重点扶持有条件的企业在全国建设 5 ~ 8 家具有国际影响力的智能电子商城和电子商务与金融平台；②推进大型企业和零售、物流、银行、证券、保险等重点行业的商务智能化发展，建立有行业知名度和影响力的移动智能商务平台。

（四）城市管理服务的智能化

1. 智能医疗卫生

在医疗卫生方面，推动各级医疗服务机构的电子医疗服务记录的应用、交换和集成；构建城市统一移动医疗卫生云服务，包括居民电子医疗服务记录获取、远程医疗、统一移动医疗服务支付、个性化医疗健康服务等。

重点建设内容建议是：①实时融合并能开放共享各机构医疗服务记录；②构建融合各种医疗保险的移动医疗支付统一平台。

2. 智能城市环境保护

在城市环境方面，构建全天候、全方位的立体城市环境感知物理空间，建设重点污染源监控信息系统、信息化地面环境监测站网络、高分辨高光谱环境遥感监测网络等信息感知基础设施。推进物联网、激光通信、全球信息栅格、云存储、云计算、虚拟现实等高新信息技术应用，开展环境信息共享平台和大数据中心建设，引导形成国家环境信息管理与环境决策优化的赛博空间。充分发挥城市环境信息服务功能，建设集成城市环境预警预报、应急反馈、优化调控、辅助决策等功能的信息化系统。加强环境信息的共享公开，提高环境信息的公开性、客观性、全面性，引导全社会参与机制。提升环境信息对城市环境管理的支撑能力，推动以环境质量改善、环境风险控制为目标导向的环境管理模式的发展，从而支撑生态文明城市的创建。

重点建设内容建议是：①建设城市环境的智能感知网络、数据中心等基础设施；②建设城市环境智能决策与综合服务平台。

3. 智能城市安全管理

在城市安全建设方面，设立城市安全指标体系，将城市安全评估与规划纳入城市发展规划中，开展包括评估、规划、实施和运营四个方面的全周期城市安全管理体系建设，推动城市安全体系建设的四个转变，即从made-in向made-for转变、从提供数据向提供信息转变、从部门专网向安全信息栅格转变、从工程建设向运营服务转变；布局一批城市安全创新平台，形成从研发到服务的自主创新能力，加强城市安全关键技术的研发和应用，如智能视频感知、太赫兹成像、多柔性传感器、雷达探测、微波遥感、数字阵列技术等；推进培育专业的城市安全运营服务商，探索安全城市的运营服务模式，构建城市安全信息栅格体系，加强对网络安全、信息安全的建设，构建安全可信的信息消费环境，提高网络信息安全保障能力；在有比较优势的区域建设"国家城市安全示范区"引领产业发展，面对"棱镜门"和短期内不可能全面替代进口的网络通信设备和技术的现实，近期可通过产品互相制约来缓解可能出现的安全问题，长期则需实现自主可控性。

重点建设内容建议是：①建设国家公共安全应急信息栅格体系；②建设国家赛博空间安全预警监控体系。

（五）城市人力资源的智能化

城市人力资源的智能化，主要是指在城市智能化过程中，根据城市中就业人口的教育、能力、技能、经验、体力等情况，通过构建的人力资源智能化平台，能够科学合理地被各行各业有效选用，使就业者一方面能够实现自身价值的最大化，同时又能够实现对社会创造价值的最大化。例如，通过人力资源市场智能化平台的构建，从以人为本出发，可将有关信息汇集、职介服务、创业指导服务、失业保障服务、就业政策落实服务、职业指导与培训服务等功能整合于一体，实现人才招聘求职、信息发布等全过程的信息化、网络化。又如，通过人力资源管理智能化平台的构建，可以将经济学、管理学、心理学、运筹学、计算数学及相关专业学科与智能技术融会贯通，实现不同城市各具特色的人力资源管理智能化，还可实现人力资源管理决策的智能化。

综合以上智能城市重点建设内容，简而言之，按其推进的途径和结构，可分为五个层次（见图3.3）。从第三层次即智能应用系统着手，向上、向下分别深入拓展，实现"三元空间"的互通互融。

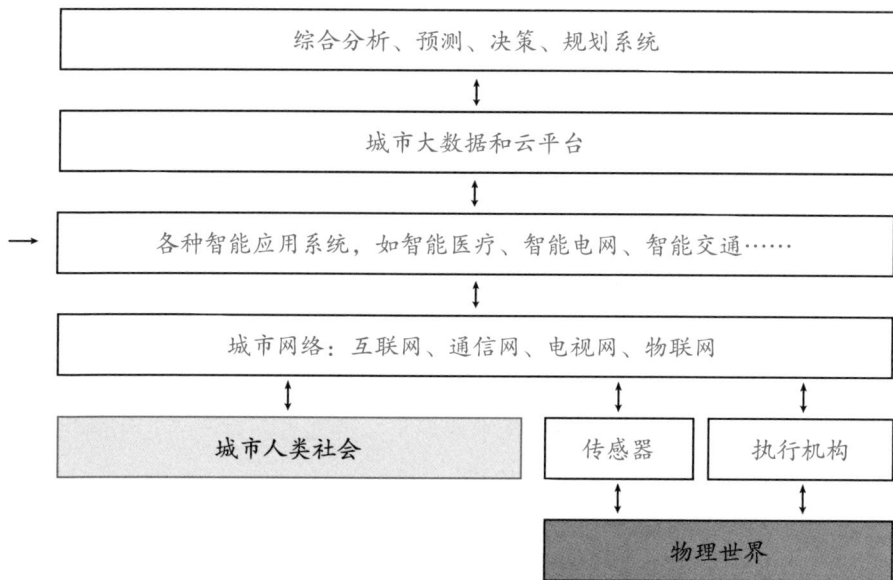

```
┌─────────────────────────────────────────────────────┐
│            综合分析、预测、决策、规划系统                    │
└─────────────────────────────────────────────────────┘
                          ↕
┌─────────────────────────────────────────────────────┐
│                  城市大数据和云平台                        │
└─────────────────────────────────────────────────────┘
                          ↕
┌─────────────────────────────────────────────────────┐
→│    各种智能应用系统，如智能医疗、智能电网、智能交通……          │
└─────────────────────────────────────────────────────┘
                          ↕
┌─────────────────────────────────────────────────────┐
│          城市网络：互联网、通信网、电视网、物联网             │
└─────────────────────────────────────────────────────┘
         ↕                      ↕          ↕
┌──────────────────┐    ┌──────────┐ ┌──────────┐
│    城市人类社会      │    │  传感器    │ │  执行机构   │
└──────────────────┘    └──────────┘ └──────────┘
                            ↕
                    ┌──────────────────────┐
                    │       物理世界          │
                    └──────────────────────┘
```

图3.3　智能城市重点建设内容

第4章

iCity 我国智能城市发展的
途径与策略

一、智能城市发展的途径

中国的智能城市建设与推进应以增进经济持续增长为目标，以生态文明建设为驱动力，以提升人的价值观、人生观、世界观为牵引，以提高人民安全感和幸福感为最终理想，实现人的现代化。智能城市的发展可以概括为全面协调可持续发展与繁荣，即经济持续繁荣、社会持续和谐、生态持续文明（见图4.1）。

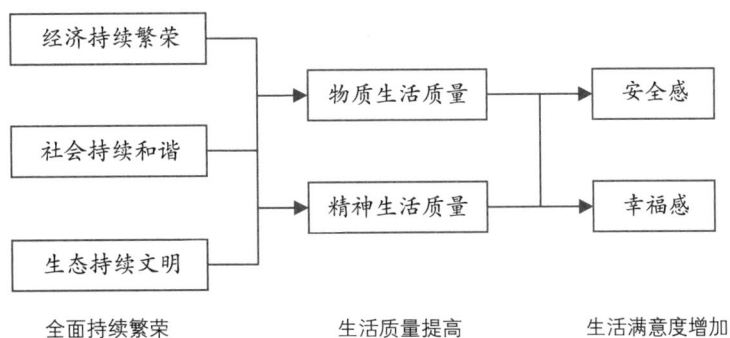

图 4.1　全面持续繁荣的智能城市模式

经济和社会的可持续发展战略与政策的制定既需要考虑环境的承载力，又需要考虑社会和谐等问题，因此城市未来趋势一定是"经济—社会—生态"相统一的，即由图4.2（a）逐步走向图4.2（b）。

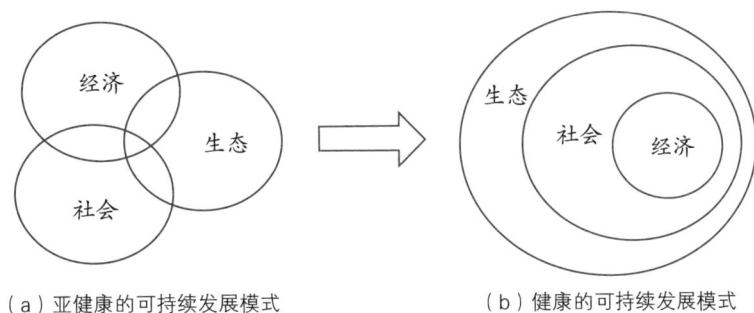

（a）亚健康的可持续发展模式　　　　　　（b）健康的可持续发展模式

图 4.2　全面持续繁荣的模式发展

　　智能城市建设是一个从分到合、由浅入深的过程，从建设各智能系统着手，逐步做好顶层设计和各方的综合协调，通过智能城市建设，使城市经济、城市人力资源、城市建设与规划、城市信息设施、城市管理与服务深度融合，即由图4.3（a）逐步走向图4.3（b），不断推动"经济—社会—生态"相统一。以管理者视野和市民需求，打破条块 "管理墙"界限，提高城市基础设施智能化综合水平，解决城市发展与环境、资源、空间等矛盾，保障信息共享与安全，促进产业发展和城建的健康持续，实现政府满意、公众满意、企业满意的城市管理与服务体系，使中国城市具有更广泛的国际竞争力。重视创新的同时，重视智能城市运营、维护中的再创新（Renovation），走"建、用"并重的发展路径。

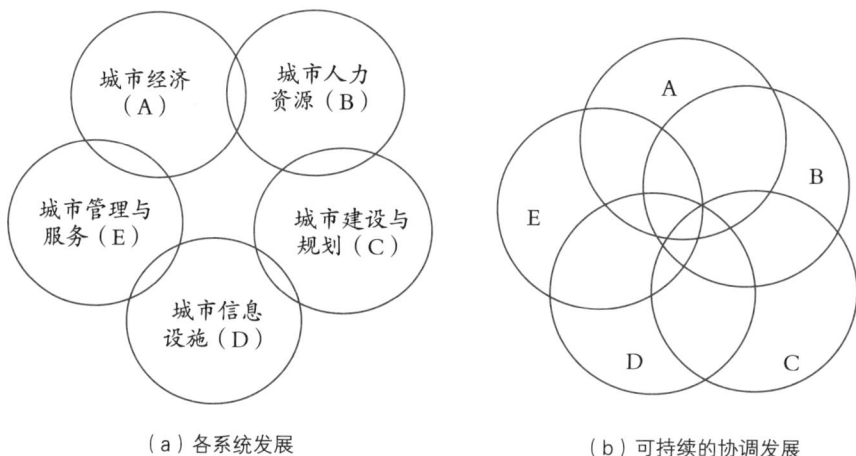

（a）各系统发展　　　　　　　　　　（b）可持续的协调发展

图4.3　城市各系统可持续协调发展模式

二、智能城市发展的策略

　　未来城市建设，需要我们认真吸取过去国内外城市建设中的经验与教训，在不同人文环境、不同地理位置、不同发展阶段、不同社会形态下，根据自身特点开展城市智能化建设，争取在2020年左右实现城镇化率60%，人均GDP达到1万美元以上；在2030年左右实现城镇化率70%，人均GDP

达到 1.6 万美元以上。

建议我国智能城市建设与推进的策略主要有以下几点。

（一）提倡各城市根据自身特色需求推进智能化建设

智能城市规划时，要充分考虑城市当地特色需求，再也不能出现城市发展中自然资源浪费、城市盲目扩张、生态环境破坏、城市风貌千城一面、地域特色和文化逐步消失等状况。特别是对于前人留下的城市特色遗产，凡是一代又一代传承下来且市民引以为豪的城市故事，都是城市的品牌，我们有责任予以保护、传承与发扬。同时，严防有些地方的旧城改造、新区建设借智能城市之名，无视客观规律，盲目圈地造城、围海造城、削山造城。

（二）选择试点城市开展智能城市建设

智能城市建设与推进是一项长期、繁重、艰巨的任务，是一个循序渐进的过程，不宜全面开花，需要我们先行试点与不断探索。对我国相对发达的城市，特别是沿海发达地区的城市，从城市整体发展考虑，按照党的十八大提出的奋斗目标与国家战略的要求，从国家层面制定"中国智能城市 2025"专项发展规划，试点先行，以点带面，逐步辐射全国各城市；同时，将已批准的"智慧城市"建设与计划纳入规划中。

（三）将智能城市建设作为推进"四化"深度融合的基本平台

把智能城市建设与推进作为我国经济发展的重要抓手，并作为我国工业化、信息化、城镇化和农业现代化深度融合与发展的基本平台，通过技术创新驱动，加强对城市传统农业、工业和服务业的改造与升级，对新兴产业的培育，以及对品牌产品创造和知识产权的保护，促进区域乃至全国各产业的协调发展，避免严重的产业趋同和重复投资，实现增加就业、缩小贫富差距、拉动消费、改善民生与生态、保障社会公平等的国家目标，走出一条走在世界前列的中国特色新道路。

（四）政府主导，事业与企业参与，保障城市大数据安全地汇集与共享

大数据的合理利用将创造巨大的财富，不仅能够提高城市管理服务质量，便利市民的衣食住行、工作、学习和生活，也是新的、重要的生产要素，已经成为世界各国特别是以美国为代表的发达国家的重点建设内容。开展数据中心和知识中心的建设应该成为我国智能城市建设与推进中的重要任务，一方面需要具有政府主导力和企业参与，另一方面需要打破信息藩篱和信息孤岛，杜绝重复建设，保障城市大数据安全地汇集与共享。大数据及其运用的示意图见图 4.4。

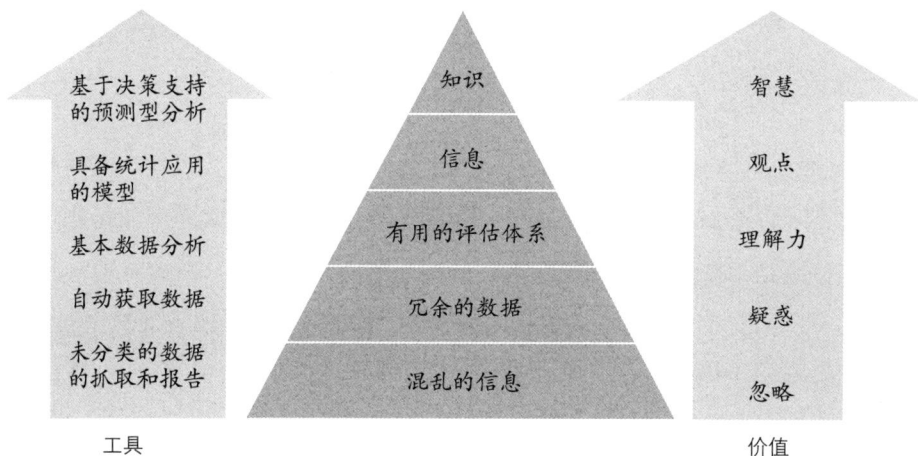

图 4.4　大数据及其运用示意图（来源：徐匡迪院士）

（五）促进云服务（购买云服务）等信息服务业的规范发展

购买云服务对于网络经济来说，相当于当年农村"大包干"（家庭联产责任承包制）时期的一场大变革。购买云服务是指购买数据的云存储与云计算服务，是指居民、企业、政府作为购买主体，与提供云存储与云计算服务的云服务公司为主体依法产生的商务活动的关系（毛光烈，2014）。因此要在思想和行动上，扫除人们对购买云服务的疑虑，依法培育、营造、规范购买云服务市场，提高网络权益与安全保障能力，发挥其"引领"与商务模式"实现"作用，促进网络经济的快速持续健康发展。

（六）加强智能城市有关技术标准化工作

标准化是智能城市建设与推进的重要基础，建立由相关部委、行业、协会等共同参与的标准化推进协调机制，启动尚无先例的智能城市标准体系制定工作，分阶段推进。从最为紧迫的产品标准和信息标准着手，对现有标准进行整合，逐步推动对现有城市组织运行模式的改善，不断强化标准的自我学习和完善，最终实现产品相互兼容、数据相互交换、功能易于融入，满足各方利益。我们还要重视标准化建设的主导权和国际化，防止标准被滥用或成为利益集团占据垄断地位的工具。

（七）建立可包容各种特色与不同发展阶段的智能城市评估体系

建立智能城市评估体系，目的不是攀比，而是帮助城市政府和市民理解城市智能化带来的巨大益处，从而可以因地制宜，更加切合实际地建设好自己居住的城市。因此，需要建立可包容且不同发展阶段与各种特色的智能城市评估体系，并符合：在全国相对统一的体系下兼顾不同城市发展阶段与特色的实际，既突出国家引导作用，又发挥地方的主观能动性；既注重智能城市建设与地方发展需求间的契合，又突出对智能城市建设绩效的实际推动作用；既突出专业人士参与评估，又发挥社会和市场的参与力量。

第5章

iCity 我国智能城市建设与
推进的措施建议

2013年9月30日，习近平总书记指出："即将出现的新一轮科技革命和产业变革与我国加快转变经济发展方式形成历史性交汇，为我们实现创新驱动发展战略提供了难得的重大机遇。"城市智能化建设正是创新驱动发展的重要机遇，可国际IT巨头推荐的"智慧城市"建设带来的有关问题也不容小觑。为此，本研究建议主动把握全球城市智能化的大趋势和大机遇，把城市智能化建设作为新型城镇化、升级版工业化和深度信息化社会发展的基本平台，作为实现新型区域发展的重要基础，作为我国经济社会发展和城市文明进步的重要抓手，作为实现"中国梦"的强大推力。鉴于我国城市具有更强的执政能力，中国的城市智能化发展水平有望走向世界高水平、全球制高点。具体建议如下。

一、制定"中国城市智能化 2025"专项发展规划

智能城市建设与推进涉及国富民强和安全的国家核心利益，建议由中央加强领导，制定"中国城市智能化 2025"专项发展规划，政、产、学、研共同发力，把已批准的"智慧城市"计划纳入其中。规划包括制定我国城市智能化"十三五"及 2020—2025 年专项发展规划。规划内容包括：典型城市规划，选择沿海、中西部、华北、东北等地区典型城市，试点先行，以点带面；重大专项工程规划和科技专项规划，如综合分析、预测、决策、规划，城市大数据技术和云平台，城市信息共享、安全，各种智能应用（智能电网、交通、医疗卫生等），新型城市网络（互联网、通信网、传感网、电视网、物联网等），传感器与执行机构，基础设施，社会保障等系统的专项工程；IT层的硬件与软件等科技专项；产业规划，如产业升级与改造、新兴产业发展、品牌创造等。

二、加强人才培养

结合智能城市的建设，系统地提高市民、干部、企业家的知识、能力、素质。相应优化国家的高等教育布局和科技发展方向，结合国家人才工程，加快发现和培养一批适应新技术革命趋势的城市规划师、管理专家、高层次科学家、数据科学与安全专家、工程技术专家等。同时，重视并集中力量培养一批基数庞大、既懂理论又懂实践的城市各种功能运营维护工程师和技术人员群体；通过组织和实施国家重大项目，凝聚和打造一支高水平研发队伍。从依靠人口红利，逐渐转向知识与人才红利。另外，积极开展"认识人脑、开发人脑、利用人脑"学科交叉性研究工作，使智能城市建设与推进既具深度又具广度地持续健康发展。

三、将城市智能化建设与推进列为城市"一把手"工程

城市智能化建设是一项长期、复杂的系统工程，需要持续健康推进，由城市"一把手"牵头负责，各职能部门以及社会各界参与，做好战略规划、顶层设计，按照城市智能化总体规划与年度计划，组织实施，不以领导人的更迭而轻易改变。同时，发挥中央政府、省级政府的主导作用，加强工作指导与科学评价引导，确保城市信息共享与安全，整合政策资源，支持城市智能化建设，纠正工作差错，完善制度体制，使国家、地方、民众、企业等各方利益实现长期最大化，并经得起历史考验。

附 录 各课题报告摘要

iCity

一、《中国智能城市经济、科技、文化、教育与管理发展战略研究》摘要

（一）智能城市发展战略总论

信息化、全球化和城镇化正在重塑现代社会和城市发展。然而快速的城镇化进程给城市运营与发展带来了一系列问题，如生态恶化、粮食短缺、能源匮乏、金融海啸、恐怖主义等问题层出不穷。这类问题不断蔓延，主要是由于城市并未发展成为可自我调节并可持续发展的系统。因此，未来的城市发展必须走智能化、包容性和可持续发展的道路。

通过前期调查发现，目前全国各地都在积极进行城市智能化建设，但是大多数城市都不十分清楚智能城市的愿景和战略目标，某些在智能城市建设中领先的城市依然缺少总体规划与顶层设计，在具体实践中重技术、轻管理。这必然导致信息孤岛、条块分割、项目分散等一系列问题，也背离了智能城市"全面感知、互联互通"的建设初衷，使得智能城市建设仅仅停留在信息化建设的阶段，很难形成智能技术与应用的协作力。

综上，我们认为智能城市的愿景应当是经济、社会和生态三方面的全面协调可持续发展模式，进而提升百姓的物质生活和精神生活质量，给予百姓城市生活的安全感和幸福感。

为了实现上述三方面的全面可持续发展，需要设计智能城市的战略架构，以循序渐进地实现相关愿景，使有限的财力和资源得到最有效的利用。

智能城市战略架构是一个整体化的过程，需要在顶层设计上保证架构的整体性，例如从经济增长方式的转变开始，从资源驱动型向创新驱动型变革，从低附加值、高能耗高污染、粗放型向高附加值、低能耗低污染、集约型转变，真正实现产业转型

升级。并且，科技支撑引领是加快产业转型升级、促进经济发展方式转变的中心环节。增强科技支撑经济转型作用，大力培育创新主体，更需要人才培育与教育支撑，从而构筑区域创新型人才高地。以上三者的转变，文化建设是关键，如围绕健全公共文化服务体系，打造有特色的文化名城，吸引人才。我们尝试从功能的角度探讨智能城市战略的架构，将其分为五个子战略：经济、科技、人才与教育、文化、管理。

（二）子战略 1：智能城市经济发展战略

在我国城镇化进程不断加快的客观背景下，我们从拉动城市经济发展的三驾马车入手，分析了投资、消费和出口对智能城市经济发展的作用，探讨了我国智能城市经济和管理的发展需求，并进一步指出：促进智能城市经济发展的关键在于转变发展方式、促进传统产业升级、培育新兴产业、加速产业融合；提升智能城市管理能力的关键在于管理理念的转变和管理手段的创新。

我国智能城市建设需要在如下方面加强其建设能力：城市统筹规划发展的能力、提升城市智能化产业的发展能力、提升传统产业创新发展的能力、提升城市公共服务的能力、全面感知和智能处理的能力，以及智能同行、内生发展、高度集成、充分整合、自主创新的能力。进一步选取智能物流、智能交通、智能装备、智能医疗等典型行业进行深入分析，探讨典型行业对智能城市经济发展和管理水平提升的作用过程。经济持续繁荣是智能城市重要的价值表现。

智能城市经济发展的核心，是以智能城市规划所确定的物理空间为基础，确立以人为本的新型城镇化道路；依托赛博空间的建设，大力发展现代信息技术产业和信息服务业，促进传统产业的智能化升级；围绕人类社会空间的建设，大力发展以人为本的现代服务业，依托智能医疗、智能交通、智能教育、智能养老等产业的发展，促进城市人群的心智水平的提升，从而带动智能城市形成以创新驱动的新型发展模式。在经济、政治和社会发展格局复杂多变的市场环境下，"中国制造"将向全球化、信息化、虚拟化、智能化、绿色化的方向演化，"中国工程"及现代服务业将应用以高端智能软件、互联网、物联网、云计算、大数据等为代表的新一代信息技术并向绿色、智能的方向演化。明确党的十八大以来"中国工程 + 中国制造"双轮驱动以及现代服务业作为创新驱动，实现载体的地位和不同利益主体的行为选择，探索"中国工程 + 中国制造"双轮驱动同现代服务业尤其是信息产业相融合的路径选择，辨析不同因素相互作用的具体机理和联动效能。

（三）子战略 2：智能城市科技发展战略

课题组从物理空间、人类社会空间、赛博空间三个空间的视角来理解智能城市的建设。当前以新一代信息技术的发展和应用为重点的智能城市建设主要集中于赛博空间的营造，以赛博空间与物理空间联系的构建；而科技、教育、文化建设的基本着眼点在于扩大人类社会空间，构成智能城市建设的更为深层与长远的建设主题。因此，智能城市的科技发展战略应着眼于三个方面：①通过科学技术的有效利用，促进智能城市经济、社会、生态等方面直接建设内容的建设；②把城市科技创新能力的培养作为智能城市的长远战略目标加以规划；③在建设中，科技应和文化、教育相互配合，共同发展。这样，智能城市的科技发展应建立在加强对城市知识资源的有效管理与利用的基础上，并以城市创造力的培育为核心。应整合政府、大学与科研机构、企业和社会大众四方面的力量，综合培养科学、技术、经济、文化、社会等方面的创造力；通过重点方向的科技发展、产业培育以及智能城市建设三方面的相互促进，把城市的经济与社会发展转入依靠科技发展与创新、节能环保和可持续发展的轨道。在科技的具体发展方向上，围绕智能城市的整体发展目标，应重视信息技术等方向的科技发展；还应结合具体城市的具体特色，有针对性地发展关键科技领域，并培育相应的科技产业。在科技发展中，特别是在科技成果的应用方面，还应关注科技的"双刃剑"效应，充分考虑科技对社会、经济、生态与环境等方面可能带来的负面影响或隐患。

（四）子战略 3：智能城市文化发展战略

城市文化战略应该充分整合各种文化资源，形成社会文化的全面发展。

因此，我们首先提出了智能城市文化发展的三大战略：①基于生态文明的城市文化形象的塑造与软实力的打造；②融合中国传统文化与西方文化的人的价值观与文化素质的全面发展；③人与社会互动的创新文化氛围的形成以及文化与科技融合的文化创意产业的发展。其次，论述了生态文明体现了智慧城市的本质文化内涵。最后，考虑到文化与科技、经济的融合，分析了科技推动文化产业发展和文化引导科技的方式与路径，并进一步阐述了智能城市通过新知识的快速传播与共享以及网络化平台的思想与创意生成机制，使创造与创新成为社会与集体的行为方式，让创造与创新成为城市工作与生活的一部分。

（五）子战略4：智能城市人才与教育发展战略

知识是第一生产力，而教育则是知识创造、传播和应用的基础。通过提高受教育者的素质与知识技能，使公民的个体价值得到提升，同时社会价值也得以提高。社会持续和谐和经济增长方式转变有赖于教育事业的发展。

互联技术支持下的智能城市教育，已在多个国家得到实践，主要体现在建设公共网络教育基础设施、建立网络教育资源平台和提供便利的在线教育等方面。公共网络教育设施和丰富的在线教育资源使学生在任何地点、任何时间均可接受教育，极大地提高了学习的便利性并增加了民众的受教育机会。同时，网络教育的高质量、低成本特征使整个社会受益。

本课题组认为，智能教育的战略路径是规划智能教育的路线，构建支撑智能城市发展的"教育云"，建设一个泛在的、智能化的教育平台，通过系统、资源、文化的全球整合产生专业化教学服务，有效发挥在线教学的规模化定制优势；智能教育的战略愿景是使每一公民都能获得个性化的学习路径，通过学习社团学到适应未来经济的专业知识技能，使其以低成本、高品质提升我国各个教育层次的教育质量。以更好的教学效能、更灵活的劳动力创造一个创新因素驱动的智能协同、内生发展的智能城市，实现"三全、两结合、一提升"。即在"赛博空间"构建全民教育、全时空教育、全要素教育的教育体系，统筹协调教育发展与社会主义核心价值体系相结合、与经济转型升级相结合；通过智能教育构建更加健康可持续的人类社会空间，在提高技能教育的同时，提升国民素质、社会责任感和爱国主义情怀，最终实现全社会物质面貌与精神风貌的全面改观，以整体实力的提升实现经济与社会的持续发展，走出"中等收入陷阱"。

（六）子战略5：智能城市管理发展战略

结合未来城市发展趋势和城市管理中的需求进行深入分析，智能城市管理战略要从"被动式适应"的城市发展路径转变为"主动式创造"。从智能城市建设对城市管理的需求来看，三方面的深刻变化对城市管理提出了新的需求：①城市人口的迅速膨胀，加大了城市管理面临的各方面压力；②市民对城市生活品质的要求提升，提高了城市管理的质量要求；③物联网、云计算等新技术的发展，对创新型城市管理的手段提出了新的命题。从这三方面看，是城市管理从物理空间到赛博空间，再到人类社会空间的空间管理需求的提升。本课题组认为，智能城市的管理重点是协调物理空间和赛博空间两者的科学发展，以提升社会心智空间建设水平为目标，智能城市管理的愿景是构建文明、民主、生态、高效的城市生态系统智能化运营管理体系。智能城市管理目标是通过三大体制创新（即行政管理体制、公共服务体制、基础设施运营体制）构建四大系统平台（即信息感知系统、基础数据系统、决策支持系统、云服务系统），提高城市的社会民生福祉、资源承载能力、运营服务水平。

本课题组提出，采用能动致变和优化设计两种机制共同协调来促进智能城市的和谐发展，采用能动致变的演化机制来对智能城市中的"人"进行管理，采用优化设计的控制机制来对智能城市中的"物"进行管理。将以上两种机制结合并应用于智能城市的建设，不仅鲜明地体现了管理活动中自主演化和人为设计的特性，而且也提供了这一复杂问题的有效解决之道，即对于能够事先安排、用科学方法解决的，用科学设计和优化来解决；反之，让人发挥其创造性，权宜应变。

（七）智能城市发展规划

纵览世界名城的演进过程，城市特色优势的形成是一个漫长的过程。智能城市建设是一个涉及多方面的复杂的长期过程，因此必须有长远的总体规划。为此，智能城市建设应着眼于长期性，宏观的战略规划和布局是关键。智能城市的愿景是经济、社会和生态持续发展。其实现过程应循序渐进，这样才能使有限的财力和资源得到最有效的利用。

各个战略规划之间存在内在的互动关系，因此要综合考虑战略规划之间的协同，如智能城市建设的主要目的是方便百姓，主要依靠工程科技实现城市的互联互通。因此，智能城市建设中决不可忽视城市的人文关怀，而这就需要文化和教育规划辅助完成。我们以新加坡、阿姆斯特丹、巴黎、北京和大连为例，介绍其打造智能城市的举措和经验。

二、《中国智能城市空间组织模式与智能交通发展战略研究》摘要

信息技术进入一个新的高速发展期，在这一背景下，信息技术与城市发展逐渐出现融合的趋势。所谓"智慧城市"成为国内外越来越多城市追求的目标。中国工程院提出，应当加快推进"智能城市"建设，通过工业化、信息化、城镇化和农业现代化的深度融合，使城市能够集约、绿色、宜人、安全、可持续发展，这与西方所提出的"智慧城市"概念有联系，也有明显区别。

智能技术本身并不能够带来智能城市。工业化是人类文明发展历史上的一个重要里程碑，然而与之相伴的技术进步虽然带来了物质上的丰硕成果，但是也给人类带来了前所未有的不安，环境污染、社会冲突、战争与技术发展相伴而行。信息化为人类文明发展建立了新的里程碑，但如果没有明确的战略引领，技术发展可能反而给城市带来更多的问题。因此，在智能城市建设过程中必须提出明确的战略愿景和路径设计，使之真正服务于人的生活质量的提升，而不是让人和城市成为技术的仆从。

本课题组的研究核心在于实体城市的建设和实体流动的组织，如何应对信息技术发展的宏观趋势将改变城市各项功能的组织，又如何通过信息技术改善城市的建设与运行绩效，从而构建起三元空间融合发展的基础平台。本课题组将从三个专业领域来展开论述。①智能城市的空间组织：讨论技术进步将对人类社会的活动组织产生什么影响，继而如何改变城市的功能组织，我们又将如何借助于信息技术手段去解决一些传统上无法解决的城市问题；②智能城市的交通组织：探讨技术进步将如何重塑城市交通系统，帮助个体通行者更明智地选择出行方式和路径，帮助城市更好地安排交通设施布局和组织交通系统运行；③智能城市的物流组织：讨论新技术背景下虚拟流与实体流的融合如何彻底改变物质流通的过程，从而真正提升物流效率、降低物流成本，并最终服务于环境的可持续发展和人的生活品质提升。

智能城市的建设是一个新兴领域，全世界许多地区都在探索，在目标和行动等方面各有不同。这些国际经验既在愿景建构、技术选择和建设模式上体现出了各自特性，又在顺应技术演化趋势、服务可持续发展、改善城市运营绩效等方面具有普遍共性。在开展智能城市建设时，我们既要在空间维度上具有宽阔的国际视野，在时间维度上具有深刻的演进视野，又要对自身所处的历史发展阶段有清醒的认识，对城市所在的地方发展背景有足够的理解。

党的十八大以来，我国提出了走以人为本、四化同步、优化布局、生态文明、文化传承的中国特色新型城镇化道路的重大决策，彻底改变旧的城镇化路径和城市发展方式。新型城镇化是对社会、经济和环境的统筹规划，但最终要落到城市实体空间和城市中人、物等实体流动的组织之上。在这一背景下，智能城市建设就是要通过新的信息技术手段提升城市发展绩效，以信息在虚拟空间的流动部分替代人和物质在实体空间的流动，并建立与信息化进程相匹配的空间组织模式、交通运行模式、物流运营模式。此外，智能城市建设还要通过信息技术手段改善这些实体活动的决策过程，使之更加科学、理性、高效，更好地服务于人的需求。

近几年来，中国的智能城市建设全面推进。国家层面出台了大量的扶持和引导政策，地方层面也做出了大量积极的探索。然而，仍然存在着诸多问题。

（1）缺乏理论指导，忽视了新信息化的本质。工具性、功利性太强，普遍试图将智能城市简单地理解为改善政府决策和管理效率的工具，对新一轮信息化对物质空间规划建设运营的颠覆性影响缺少认识。在无法理解未来城市组织形式的情况下，很难真正智能地引导和应对城市发展进程。

（2）缺少系统设计，忽视了市场和市民的作用，忽视了全社会对通过信息改善生产和生活的渴求。智能城市不应当是政府独家承揽的事务，而应当是全社会共同缔造的城市的未来。在交通、物流组织领域，已经出现一些用传统管理思维应对信息时代的个案，在一定程度上扼杀了创新性活动的发展。

（3）缺乏清晰目标，成了技术实验和商业运作的附庸。尽管很多城市都提出了走向智能发展的目标，但普遍缺乏实质内容，往往被技术牵着鼻子走。这一方面构成了智能城市建设的重大陷阱，使地方政府被定位为智能城市系统的主要买家；另一方面也导致智能城市建设脱离智能发展的目标，无法真正服务于城市转型发展的需求。

（4）缺少信息供给，智能城市建设成为无源之水。虽然从理论上说，信息化发展将带来海量信息，但体制条块分割和封闭意识构成了推进行动的重大挑战。在相关决策领域，科学理性还有很长的路要走；在市场市民领域，知情应对仍然面临困难。

智能城市建设必须对未来保持高度的前瞻性，充分理解信息化对生产方式和生活方式的重塑，预见这一重塑过程将如何转变城市各类功能的兴衰、选址原则的变化，并在城市规划、建设和运营中提出分阶段的应对策略，使之成为智能城市建设的机遇，而不是挑战。研究认为，信息技术发展的最直接结果是实体空间与虚拟空间逐步走向融合。首先，很多传统上以实体空间为承载的人类活动向虚拟空间转移；其次，原本基于空间的人类协同被基于网络的协同所取代，彻底改变了市民和企业的集聚条件，继而带来生产和生活的高度择址自由；再次，虚拟空间的活动也将导致实体空间活动的网络结构变化。研究预计，信息技术发展将给城市实体空间带来的影响包括：①居住社区的混合化和碎片化；②工业生产的分散化和协同化；③基础设施的个体化和离心化；④公共服务的移动化和共享化；⑤区域发展的强极化和离散化。在这种情况下可以认为，新一轮的信息化对城市与区域发展，对传统的城市空间、交通、物流组织方式所带来的变化都将是革命性的。如果仍然延续旧的应对手段，城市实体空间和实体流动的组织势必陷入无尽的混乱中。

因此，在推进智能城市的空间、交通与物流组织时必须对城市智能发展的基本原则做出明确的界定。在本项研究中我们提出，城市智能发展就是要在信息技术发展影响评估基础上，将技术融入城市发展过程，实现资源消耗最小化、社会产出最大化。智能城市建设的核心是五项原则：

（1）尊重环境价值观，通过信息技术的广泛使用改变无知无畏的决策方式，使城市发展与环境发展相得益彰；

（2）理解城市发展的系统性和群落性，建立平面复合、立体复合、错时复合的多层次复合型的城市功能组织方式，改变将城市建设视为若干彼此割裂的点状生长过程的旧途径；

（3）建立全生命周期考量，将满足城市发展需求和解决城市问题的答案放在从规划、设计、建设到运营的整个过程中，并考虑不同环节的交互影响，而不是仅从某一个环节入手；

（4）决策逻辑从"以形载流"转变为"以流定形"，决策方式不再是基于静态蓝图在建设完成之后再对城市各种流动过程进行调控，而是在规划建设之前就基于信息技术方法预判各种流的运动情景，做出与之相适应的实体空间和实体设施布局；

（5）消耗最小化，通过智能规划、智能建设，尽可能地降低城市建设、运营过程中的各类资源消耗。

（一）智能城市的空间组织

智能城市的空间组织必须回应城镇化快速发展条件下城市发展所面临的重大挑战，如：人口结构动态化所导致的空间需求不确定性、城市不合理

增长所带来的城市功能匹配性、人口增长与需求增长所导致的外部环境承压性、国内国际形势变化所带来的经济支撑脆弱性、空间资源分配不平衡和权利意识提升所导致的社会状态不稳定性等。在城市发展和建设过程中，决策主体和市场信息的不充分、不透明、不联通，以及应用信息提升决策和选择能力的不足是导致这些问题产生的重要原因。通过改善信息的供给和应用能力、打破空间距离的传统制约，使虚拟空间与实体空间协同发展，以城市运营的高适应性突破城市建设的低适应性，提升城市发展的效率，优化城镇化过程中的空间布局，改善城市运行的质量。实现智能城市空间组织的突破点如下。

（1）通过智能化技术推动城市发展方式的转型。这就要求在城市的规划和建设过程中突破专注于物质性思维的障碍，以无形的服务替代有形的设施，以高效的运行组织替代低效的物质供给，将分散的网络形态转变为集中的核心形态。这就要求我们在开展智能城市的规划布局时前瞻性地考虑实现市民各种需求的新途径，将基于信息技术的各类城市服务作为城市各项功能组织的一部分，真正以城市运行绩效提升、市民生活便利、生态环境友好为中心开展布局。如：通过高品质的在线医疗，改变当前医疗质量差别巨大、部分大医院人满为患、基层医院门可罗雀的状况，与之相应，医疗设施布局的基本原则将产生重大变化；通过交通信息的整合与投放，更有效地调配交通设施运营，促进市民在知情的情况下做出更明智的选择；通过无所不在的网络，使偏远地区也能将自身的独特优势融入现代经济体系，改变经济发展主要集中于少数地区的不平衡状况。

（2）运用智能化技术实现城市空间规划方式的转型。这要求城市在规划、管理、运营过程中积极应用新的信息技术，使决策走向科学化、民主化，并在这一过程中实现治理体制的现代化。在传统的发展模式下，城市规划决策往往基于决策者和参谋对象的理想和经验等主观性知识，而决策所使用的标准通常建立在社会平均值基础之上，忽视了人与人之间的差异性。这种状况在很大程度上可以归因于缺少充分的数据、可靠的模型、先验的判断。结合大量的案例，本课题组认为，随着传感数据、众源数据、开放数据、移动数据等新型数据源的涌现，以及大数据、云计算等新技术手段的不断发展，城市规划学科已经能够借助这些手段逐步认知城市运行的内在规律，并在此基础上通过全面感知、准确判断、恰当反应、持续学习，实现规划决策的理性化，推进决策过程的民主化。

（二）智能城市的交通组织

智能城市的交通组织目标是通过信息协同实现交通系统的便利便捷、运行高效、安全可靠、节能环保。当前城市发展过程中所遭遇的交通拥堵、停车难、交通污染等问题，其核心首先在于城市土地使用与交通系统组织的脱节，其次也在于交通信息缺乏所导致的管理无力、选择性差。借助于大规模多源交通信息的采集、分析、分享和供给，将在很大程度上突破传统交通组织模式所面临的困境。实现智能城市交通组织的突破点如下。

（1）通过交通与土地使用的一体化规划实现交通需求的最小化，从根本上提升交通效率、降低交通能耗和污染。综合考虑用地发展模式和交通供给设施之间的协调机制，建立交通规划的自学习、自组织和反馈机制，根据建设运营数据对规划方案进行反馈和修正，实现交通规划建设决策的理性化。

（2）建立多种交通方式的协同决策、协同控制、协同运营。在交通状态感知、信息分析处理与集成、信息发布与应用等环节均实现不同运输方式之间以及交通与城市其他系统之间的全面协同，从而将原本彼此割裂的城市复杂系统融合在一起，共同化解交通问题。

（3）在信息化支撑基础上实现实时的最优化管理与控制。建立需求与供给之间的灵活调配，实时化解道路压力、停车压力和运行压力，及时应对突发事件。

（4）通过信息发布实现出行个体的决策最优化。建立公共交通、道路路况、管理信息、设施供给的实时提供系统和预测分析系统，使市民能够根据交通系统运行的实际情况合理选择出行时间、交通方式、交通线路等，以人的主观能动性克服系统自身的瓶颈问题。

（5）通过对个体交通需求的全面掌握、精准分析，促进交通组织的个性化，如推行定制公交服务等。

城市交通智能化的实现关键在于信息的获取、分析和公开。本课题组认为，应当建立天、地、空一体化的交通感知设施，对交通信息实现全面的掌握，通过大数据方法充分认识交通流发生与运行的状态与规律，并开展综合集成应用。

（三）智能城市的物流组织

社会经济组织方式和人们生活方式的变化对物流组织提出了很多新的要求，也提出了新的发展可能。物联网技术、公共物流信息平台、宏观和微观层面的物流网络规划技术和物流企业运营管理优化技术等逐步进入物流领域，新的商业模式不断出现，以上种种正在重塑着传统的物流领域。智能城市物流组织旨在借助于信息化途径对物流活动的发生过程进行再组织，以提升城市物流活动的资源利用率、改善企业生产力水平、减少碳排放量，使之服务于城市的可持续发展。

智能物流组织应当集中解决三方面的主要问题：①借助信息化基础上的商业模式，创新探索多样化物流需求的解决方案；②实现运输企业的精细管理，通过车辆合理调度、物流配送路径优化，降低资源消耗和物流成本，通过企业间协同扩大网络、提升效率；③协调物流活动与城市发展间的矛盾，通过改善货运集疏运体系结构，降低其对城市发展的影响，鼓励区域内共同配送，以缓解交通拥堵、减少资源消耗。

物流系统是经济活动健康活力的命脉，其运行具有跨地域、跨企业、跨行业等特征。实现物流系统的智能化发展，需要政府和市场共同努力。①优化物流政策环境，破解制约其发展的体制性障碍和条块障碍；②加强基础设施整合，促进交通基础设施和物流基础设施的一体化，促进既有资源的整合和设施的综合利用，加强新建设施的规划协调和功能整合；③强化跨行业间沟通，推动物流企业与生产、商贸企业的互动，促进物流供需市场和政府之间的信息互通，改善企业之间、行业之间、部门之间的沟通协调机制；④推动物流技术的研发和社会化应用。

（四）建设与策略

城市的智能化发展是支撑中国特色新型城镇化道路的重要手段，需要在国家和城市两个层面共同推进。

在国家层面，应当对智能城市的发展进行顶层设计：①重视并切实加强相关标准体系和标准化建设；②制定国家层面的重大基础设施推进战略；③制定数据协同共享机制；④建立健全信息网络安全机制；⑤推行规划试点示范项目。

在城市层面，应当针对自身地情积极展开行动：①提出城市建设开发过程中的智能战略工具及其遴选方法；②针对智能城市运行的信息交换与分析需求，提出城市信息基础设施的建设战略和阶段举措；③针对城市运营效率和安全需求，提出城市安全、智能交通、公共服务、电子政务等领域的发展战略；④针对城市竞争力需求，提出信息共享、决策支撑、产业服务等智能平台的建设战略等。

三、《中国智能电网与智能能源网发展战略研究》摘要

进入 21 世纪，随着化石能源资源的日益枯竭以及全球气候问题的日益突出，工业革命以来的高碳发展模式已经受到重大挑战。低碳经济发展模式正在对现有的生产生活方式进行根本性的变革，对全球政治、经济、投资、贸易、消费、能源等发展格局产生深刻影响。在这场变革中，能源行业处于整个变动的最先一环。根据 2000 年美国工程院的估计，20 世纪人类取得的最伟大的成就是电气化。然而与我们生活息息相关的电力系统却面临着越来越多的挑战。面对未来世界范围内能源、环境保护和可持续发展的要求，需要大力开发低碳技术，推广高效节能技术，积极发展新能源和可再生能源，加强智能电网和智能能源网的建设。这已成为解决 21 世纪能源问题的重大发展策略。

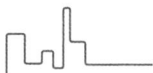

（一）城市智能电网

综观电力供应网络，在发、输、配、用电这几个环节中，电力公司长期以来一直把智能化的侧重点放在发电和输电系统上，使其在智能化的程度方面远远高于配电和用电。但是，同发电和输电环节相比，配电、用电以及电力公司和终端用户的合作等环节相对薄弱，严重影响了系统的整体性能和效率；同时，国内外城市电网发展中表现出的一些急需解决的问题（如供电可靠性、电能质量、分布式电源的接入和需求侧响应）都集中于配电网。所以，城市智能电网的发展是一个全球关注、亟待突破的课题。

城市智能电网是将先进的传感测量技术、信息通信技术、分析决策技术、自动控制技术和能源电力技术相结合，并与城市电网基础设施高度集成而形成的新型现代化城市电网。城市智能电网可以把工业界最好的技术理念应用于电网，以加速城市智能电网的实现，如开放式的体系结构、互联网协议、即插即用、共同的技术标准、非专用化和互操作性等。其中有些已经在电网中应用，有些仍面临很大的技术挑战。

城市智能电网是全社会实现大幅度节能减排的一条有效途径，其建设不仅将给电力行业带来革命性的产业变化，也将给人们的日常生活方式与生活习惯带来实质性变革。城市智能电网的效益是明显的：电能的可靠性和电能质量提高的收益；电力设备、人身和网络安全方面的收益——智能电网持续地进行自我监测，及时找出可能危及其可靠性以及人身与设备安全的情况，为系统和运行提供充分的安全保障；能源效率收益——城市智能电网的效率更高，通过引导终端用户与电力公司互动进行需求侧管理，从而降低峰荷需求，减少能源使用总量和能量损失；环境保护和可持续发展的收益——城市智能电网是"绿色"的，通过支持分布式可再生能源的无缝接入以及鼓励电动车辆的推广使用，可减少温室气体和 PM2.5 等有害气体的排放；等等。

城市智能电网的发展目标是：构建具备智能判断与自适应调节能力的分布式调度管理的城市电力网络，集成和使用分布式发电特别是可再生清洁能源发电，应用大量的嵌入式智能设备、分布式计算和通信技术对城市电网运行状态进行实时监测、分析和控制，使其具有自愈和事故后快速恢复的能力，通过双向的可见性，倡导、鼓励和支持消费者参与电力市场和提供需求响应，从而确保高效、高可靠性、高电能质量和价格合理的电力供应，并为插入式（混合）电动汽车、分布式光伏发电和储能、节能楼宇等技术应用提供支撑。

城市智能电网的重点建设内容如下。

（1）高级量测体系：将把电力公司和用户紧密关联起来，使双方可以合作、互动；其所提供的大数据会产生巨大效益；同时，其实施为电网铺设最后一段双向通信，不仅可使电网从上到下处处可观测，而且可为智能城市的发展提供契机。

（2）分布式电源接入：未来数字化社会对供电的安全性、可靠性和电能质量的要求日益严格，大规模的接入分布式电源是一个理想的方案，也是城市智能电网的一个急需突破的发展瓶颈。

（3）高级配电自动化：配电自动化和高级配电自动化对供电可靠性和提高资产利用率的贡献很大，其作用是多方面的，特别在提高管理水平、管理效率和用户服务质量方面见效十分明显。

（4）高级资产管理：高级资产管理配合高级配电自动化和高级量测体系，可以从城市电网的规划、建设、运行、检修维护等各个方面入手，实现电气设备利用率、能源综合利用效能的最大化。

（5）电动汽车接入：电动汽车可以作为建设城市智能电网的一个切入点，不仅可以拉动市场，提升公众对城市智能电网的认可程度，还可以作为分布式储能系统，成为城市电网负荷调整的一件利器。

建设城市智能电网需要在网架结构、设备水平、通信技术等方面开展深入的技术研究，并结合国内外城市电网现状，进行需求分析，建立一套适用性强、兼容性好的开放标准体系。政府应充分发挥引领作用，出台积极的城市智能电网发展政策，使城市智能电网发展战略与国家发展战略及能源战略相衔接，在城市智能电网规划与建设中给予产业政策扶持、资金扶持等，为城市智能电网的发展创造良好的外部环境。

在我国城市智能电网的建设中，应重点关注以下方面。

（1）智能电网的特点是电力和信息的双向流动性，以便建立一个高度自动化的和广泛分布的能量交换网络。为了实时交换信息和达到设备层次上近乎瞬时的供需平衡，分布式计算和通信的优势被引入电网。我国当前特别需要提升对开发和利用分布式电源（发电、储能和需求响应）的重视程度。

（2）智能电网实施的顺序是有价值的，全面铺开的做法不一定是经济的，过渡到完全的智能电网将是一个漫长的过程。AMI 通信体系结构为智能能源网和智能城市的构建提供了契机，需要从国家层面做好我国通信网的顶层规划。

（3）智能电网的核心原则是要考虑：我们所从事的工作是否适用于市场？是否激励用户？是否实现了资产优化？是否能够获得高效运行？——为此，应该坚持以下几点。

  □ 创新驱动发展，以获得大量的知识产权，降低智能电网的成本，提高智能电网的效益。

  □ 事先进行充分的成本效益分析，电力公司和监管机构应该持续地向消费者展示智能电网的效益最终是会超过其成本的，同时确保向消费者提供合理的、买得起的电价。

  □ 需要出台旨在激励电力用户、制造厂商和电力公司参与智能电网的法律和法规——我国应该加速实施分时/实时电价，开放用户侧的电力市场，积极推进"即插即用"的研发。

（二）城市智能能源网

在能源资源日益稀少和能耗逐年上升的今天，能源系统是城市基础建设中不可或缺的一个核心环节，如何合理匹配智能概念，提出一套与智能城市的构建相辅相成的智能能源系统，是必须认真思考的问题。现在我们的大多数城市普遍还在使用传统能源网络，这些网络与当下提出的智能城市概念契合性不足，而且存在以下难题。

（1）目前城市能源网络缺乏全局层面的顶层设计与综合协调机制，无法平衡区域间能源（资源）供给与需求之间的矛盾。

（2）缺乏健全、泛在的信息网络技术、机制和体系，无法对能源供应端和用户端进行实时、高效、便捷的反馈和输配。

（3）缺乏应对海量数据有效管理的技术和机制，无法适应大数据时代对智能能源网络庞大信息的准确分析和精细预案。

（4）缺乏智能能源网络建设的风险认识和技术应对策略，无法形成系统的能源网络建设标准和赢利模式。

因此，针对上述问题，我们提出的智能能源网概念是：以智能电网、智能水网、智能燃气网、智能热力网、废弃物资源智能利用、污染源智能调配、智能排放控制等多行业间的能源资源输配架构为基础，以供能多源稳定、用能清洁高效、输能快捷方便、蓄能安全充足、排放减量达标为特征，以信息通信技术和智能数据中心为依托，多元互动、资源整合、优化配置的能源网络。

构建智能能源网络的核心理念是：统筹管理各类能源资源，协调不同品级的水、电、气、冷、热供需平衡，达到能源资源的高效利用。实现以节约型消费和环境承载力为综合导向的能源与资源的智能调配；实现能源与资源供给和消费的相互匹配，提高能源资源利用率，避免能源资源紧缺或浪费。

智能能源网提倡以生态环境的可持续为前提，以经济社会的可持续发展为目标，建立科学合理的能源生产方式和消费模式以及相应的激励机制和约束机制，其内涵主要体现在以下三个方面。

（1）技术创新：以能源的可持续利用为目标，以低能耗、低碳和低污染为基础，运用先进的新技术、新工艺、新设备，大力发展清洁能源，积极开发可再生能源、新能源以及分布式能源技术，优化能源消费结构，提高能源的使用效率，减少能源系统进化所带来的环境、经济等问题。

（2）制度革新：以经济社会的可持续发展为目标，在运用先进的新技术、新工艺、新设备的同时，建立相应的激励机制和约束机制，制定与能源开发利用相关的法律法规，最终实现经济、社会和环境的和谐发展。

（3）可持续发展：在能源开发利用过程中，始终重视生态环境的保护，并不断完善能源的开发利用模式和激励约束机制，减少能源瓶颈制约和生态环境压力，实现人类社会和自然的可持续发展。另外，伴随城镇化的步伐，如何在真正意义上实现人口的城镇化，让进城农业人口做到各尽其责，是社会发展必须解决的问题。

关于城市智能能源网发展战略和相关建设的建议如下。

（1）应明确发展目标和智能网络框架。智能能源网建设必定是逐步的，但整体设计不应着眼于燃气、电力、热力、水务等局部，而要统筹考虑。国外已建成的部分城市智能能源系统因投入巨大、价格昂贵而阻碍其推广。宜针对中国国情，提出适应市场需求的合理的能源网络框架，向"低碳高效、梯级利用、智能调配、优势互补"的目标发展智能能源网。

（2）政府应充分发挥引领作用。城市智能能源网是进一步推进工业化、城镇化的关键措施，也是实现可持续发展的重要手段。政府应充分发挥引领作用。城市智能能源网的建设是一个复杂的系统工程，涉及多个子网和总平台的设计。这需要政府成立一个由多部门负责的委员会，统筹规划建设事宜，并出台城市智能能源网发展政策及建设规划。

（3）尽快建立智能社区，形成示范效应。城市智能能源网的建设需要的是以点带面的发展模式，需要在局部形成示范效应，进而推向整个城市。我国在这方面还没有一个涉及多能源系统的规模较大的试点。可以借鉴美国或者日本的经验，建立一个完全智能化的示范性社区，以此带动整个城市智能能源网的建设，提高产业化水平。

（4）加强基础信息网络的建设和现有子网的改革。建设城市智能能源网需要以信息通信平台为支撑，以智能控制为手段，实现"能源流""信息流""业务流"高度融合。高效、稳定、安全的信息处理技术是智能能源网建设的核心。从实际需求出发，根据国内外经验，建立一套具备完善安全策略、兼容各行业子网络的开放网络。

（5）加快发展新能源技术规模化发展。调整现有的能源结构，大力发展新能源产业和新型节能技术是未来智能能源网建设的重要一环。普及新能源，首先应该在规划方面提出预测性方案，对可能涉及的线路规划有合

理安排，其次应加强对新能源技术可靠性与安全性的研究。所以政府除了政策上给予新能源产业支持外，还应理顺现有的能源资源价格体系，加强对各种新型节能技术的推广普及，提高新能源产业的竞争力，实现能源供应的多元化。

（6）引导企业和高校参与智能能源网的建设。企业作为技术研究主体，将承担智能能源网建设过程中大部分的研究、制造与搭建任务。企业应与各大高校之间展开更加亲密的合作。企业应以高校人才资源为基础，以企业技术、研发项目为依托，以国家政策扶持为保障，加大智能能源网络建设的资金投入，尽快实现城市智能能源网的产业化。

（7）加强智能能源网建设中的伦理教育。网络的可靠性和数据的安全性都将成为影响智能能源网是否能够建成的两个重要因素。一旦发生全面或者局部的网络瘫痪，都会造成城市运行的混乱。而由于国家机密、企业私有信息、个人隐私信息的互联，一旦发生信息泄露问题，将带来灾难性的后果。所以，在智能能源网的构架和管理中，法律环境亟须做出调整，以规范用户在信息共享过程中的行为，相应的法律法规建设应该提上议程；再者，提高信息伦理教育，促使公民提高信息道德的建设，将是智能能源网建设中不可或缺的一环。

（8）坚定贯彻以人为本的方针，提高人民生活质量。城镇化是现代化的必由之路，是转变发展方式、调整经济结构、扩大国内需求的战略重点，是解决"三农"问题、促进城乡区域协调发展、提高人民生活水平的重要途径。智能能源网的推进，使得新型技术产品和服务更加贴近生活，切实提高居民的生活质量。

（9）落实产业落地，解决就业问题。智能能源网是一个结合人工智能以及多种新能源技术，"一揽子"解决能源问题的庞大系统工程。智能能源网的推进，将带来新兴产业的蓬勃发展，使新型能源产业落地，为周边居民提供稳定的就业机会，从而间接促进户籍政策，改革解决"留下来"的问题，在根本上实现人口城镇化的目标，为推行城镇化建设出力。

四、《中国智能制造与设计发展战略研究》摘要

（一）智能制造的基本概念及背景

IBM 提出的智慧地球（Smarter Planet）引起了大家的关注，国内许多地方开始进行智能城市的建设（甘绮翠等，2009）。智能制造的概念已经出现在一些智能城市的建设目录中，例如，宁波、顺德、富阳、湖州等地的智能城市建设中就包含了智慧制造与设计、智能工业、智能制造等内容（童明荣，2010；徐烨檬，2012；方宗晓，2011；施妍等，2012）。

智能制造是指信息化与工业化深度融合后的一种新型工业形态，强调采用"智能"技术整合与优化制造企业的设计、生产、管理、服务、商务等各个环节，提升制造企业的综合竞争能力，体现了制造技术从机械化、自动化、数字化走向智能化的发展趋势。

党的十八大报告指出："坚持走中国特色新型工业化、信息化、城镇化、农业现代化道路，推动信息化和工业化深度融合、工业化和城镇化良性互动、城镇化和农业现代化相互协调，促进工业化、信息化、城镇化、农业现代化同步发展。"智能制造是信息化和工业化深度融合的制造模式。

智能制造系统是一种人机一体化的智能系统，它能扩大、延伸和部分地取代人类专家在制造过程中的脑力劳动，甚至在局部工作范围内实现无人化，从而提高制造水平与生产效率。智能制造的出现是技术驱动和需求拉动双重作用的结果。在新一代信息技术的驱动下，在个性化、绿色化、高端化和全球化市场压力下，智能制造从自上而下、集中式的制造模式向自下而上、分布化的制造模式方向发展（European Commission，2004）。

美国对智能制造寄予厚望，希望通过智能制造实现制造业的回归，提高美国制造业的竞争力和就业率。过去，人力成本的高涨，使美国制造业大量流出，造成美国许多传统工业城市的萧条甚至破产。西方学者认为：以智能制造为代表的第三次工业革命的出现，将可能终止"中国崛起"。

"工业4.0"在德国被认为是第四次工业革命，是德国政府2011年11月公布的《高技术战略2020》中的一项战略，旨在支持工业领域新一代革命性

技术的研发与创新，保持德国的国际竞争力。其实质是构建一个高度灵活的个性化和数字化的智能制造系统。"工业4.0"将带来工作方式和环境的全新变化。全新的协作工作方式使得工作可以脱离工厂，通过虚拟、移动的方式开展。员工将拥有高度的管理自主权，可以更加积极地投入和调节自己的工作（罗文，2014）。

（二）智能制造对智能城市的影响

智能城市对智能制造有强烈的需求。智能制造是智能工业城市创新能力的主要体现，是改善智能城市的生态环境的必要手段，是智能城市重要的基础设施。智能制造有助于保障城市居民衣食住行健康安全，为智能城市提供优质的制造服务，支持智能城市结构布局优化，提高智能工业城市中企业员工的幸福感。

智能制造让城市不再无限庞大，让边远小镇的人们也能方便地参与到商业大潮中来，让人们有更多的机会与大自然接触。

不同地区的城市有不同的形态。图A1描述了不同形态的城市对智能制造的不同需求。从我国的实际情况来看，智能制造对以制造业为主的城市的经济和社会的发展无疑具有重要的意义。

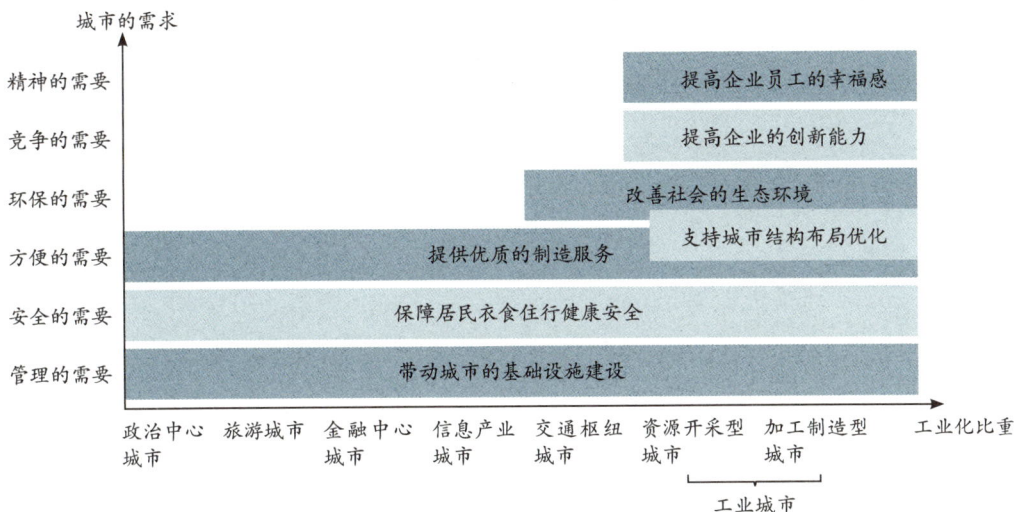

图A1　不同形态的城市对智能制造的不同需求

因此，智能制造应该成为智能城市特别是智能工业城市建设的基础和主要内容之一。

智能制造同智能城市中的智能建筑、智能交通、智能医疗、智能安全保障等系统不同，智能制造对智能城市的影响往往是长期的、大范围的、模糊的。例如，城市的创新能力需要长期培育，并且对城市的发展具有长期的效应。又如，智能制造的发展为智能城市提供的基础设施、提供的城市居民衣食住行健康安全的保障、提供的优质制造服务是大范围的，并不局限于所在的城市。智能制造有助于提高智能工业城市中企业员工的幸福感，但这是难以定量测定的，并且也是具有长期效应的。无疑，在目前的政府绩效考核体制下，这些长期的、大范围的、模糊的效应制约了智能城市建设中智能制造的立项热情。如何将智能制造与智能城市建设更紧密地结合起来，是需要进一步考虑的问题。

（三）智能制造的主要内容和发展方向

智能制造包括智能设计、智能加工和智能服务，如图 A2 所示。

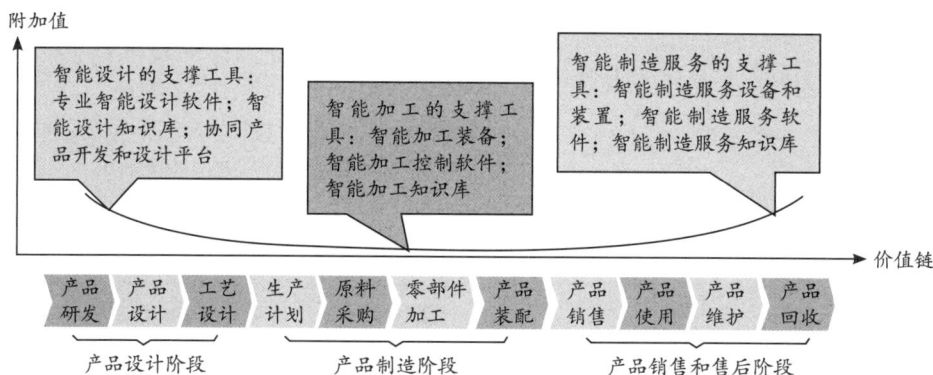

图 A2　智能制造的内容及影响

1. 智能设计

通过产品智能设计，能够开发出新的产品，有助于企业进入所谓的"蓝海"，获得高额的利润；能够快速设计出多样化和个性化的产品，满足市场的需求，使企业获得较高的利润；能够设计出低成本、低能耗的产品，在帮

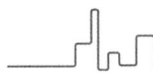

助用户节省成本的同时，也使企业和社会获利。

智能设计的支撑工具包括以下几种。

（1）专业智能设计软件。每个产品都有自己的特点和领域知识。通用的设计软件一般只能在产品设计的后期发挥作用，不能真正解决产品创新问题。所以国外大企业都有自己的专用软件和模型，这是它们长期研究的成果，是它们的核心竞争能力。这种软件凝聚和固化了企业在长期的产品开发和设计中获得的结构化知识，具有较强的智能性，可以进行大量的基于知识和仿真的设计，提高计算机辅助设计能力，特别是可以使企业年轻的设计人员快速进入角色。这种软件一般是买不到的；即使买到了，也很难使用，因为只有专业背景很好的技术人员才能建立适用的模型，并正确使用系统。

（2）智能设计知识库。在专业智能设计软件中，知识转变为程序和可以由推理机控制的知识库内容，而智能设计知识库中的知识主要是凌乱的、不断更新的、来自许多不同学科的显性知识。这些显性知识需要通过专家的学习，转变为专家头脑中的隐性知识，最终由专家进行创新设计。因此，许多知识难以在较短的时间内转变为设计程序。智能设计知识库所涉及的知识很多，鱼龙混杂，需要进行甄别；知识库需要员工经常发布新的知识，需要对知识的价值和关系进行评价。

（3）协同产品开发和设计平台。产品开发和设计涉及许多学科，需要许多企业内外员工的协同。协同产品开发和设计平台为这种协同提供了方便，可以快速找到掌握某些知识的员工，开展企业与用户的协同设计，了解用户的需求，甚至让用户自己设计；可以开展企业与合作伙伴、产品价值链上下游企业的协同设计。这里所涉及的设计知识主要是隐性知识。

2. 智能加工

产品智能加工也可称为智能制造，但为了避免大制造和小制造的概念混淆，这里采用"智能加工"这一术语。

产品智能加工主要是加工方法的智能化，可以代替原先人工做的具有技巧性的工作。

产品智能加工的应用范围主要有以下几个方面。

（1）通过产品智能加工，能够加工出人工难以加工的复杂、精密的产品及部件。

（2）通过产品智能加工，能够在恶劣环境下替代人工进行复杂、精密的产品及部件的加工。

（3）以智能的方法，快速制造出多样化和个性化的产品，满足市场的需求，使企业获得较高的利润。

（4）以智能的方法，以较低成本、能耗和其他资源消耗，加工出产品，在帮助用户节省成本的同时，也使企业和社会获利。

智能加工的支撑工具包括以下几种。

（1）智能加工装备（亦称智能制造装备）。智能加工装备是具有感知、决策、执行功能的各类制造装备的统称，包括智能生产线、智能制造单元、智能加工中心、智能工业机器人等。智能加工装备可以扩大、延伸和部分地取代人类专家在加工过程中的脑力劳动，甚至在局部工作范围内实现无人化，提高加工水平与生产效率；可以实现有害环境（如高浓度有害物质、强辐射、高温等）中的无人化智能加工，减轻对员工身体健康的不良影响；可以对一些超出人的控制能力范围的超大尺寸产品以及超精密和极微小产品进行加工；可以实现高效率、高柔性的智能加工。

（2）智能加工控制软件。智能加工的核心之一是控制软件，控制软件凝聚固化了专家的加工经验，实现了加工的自动化。

（3）智能加工知识库。在加工中，还需要大量的知识支持员工进行智能加工。智能加工知识库类似智能设计知识库。

3. 智能服务

制造企业通过智能制造服务，有效支持企业拓展以下服务。

（1）高度个性化的服务。个性化服务不但节省资源和时间，更重要的是，个性化服务能为个别情况提供特有的解决方法，提高成功解决问题的概率。

（2）产品租赁共享服务。例如汽车租赁服务，可以减少汽车的使用量，减少资源浪费。智能服务将体现在：用户需要租车时，系统将迅速获取用户的历史资料，知道用户最熟悉的车型、驾驶习惯等，然后从最近的地方调配汽车；当用户在驾驶租用的车辆时，系统实时掌握汽车的各种性能，为用户提供各种安全保障服务；当用户还车时，系统立即派遣最近的服务人员取车。日本预测，到2020年，其电动汽车租凭共享服务收入可达1 500亿日元。

（3）产品再制造服务。例如汽车发动机的再制造服务，可使再制造的发动机具有同新的发动机一样的使用效果和寿命，但价格只有后者的一半，所消耗的资源更是后者的10%，甚至更少。

（4）能耗产品的节能服务。通过智能远程监控等方法，对能耗产品（如空调、冰箱等）的能耗进行监测，一旦发现产品能耗增加到一定值，就派员进行维修，保持产品的低能耗状态。

（5）产品的增值服务。通过更换产品模块或提供新的软件，使用户在原产品的基础上获得新的服务，如面向手机用户的新服务——汽车导航服务、商品拍照比价服务等。

（6）产品生命周期管理服务。为产品生命周期各个环节提供管理服务，如维修、回收服务等。

制造企业在智能制造的基础上，通过为智能城市提供优质制造服务，达到以下目标。

（1）促进制造服务业的发展，增加城市的绿色GDP，因为服务所消耗的资源和能源要少于产品的制造。

（2）制造企业向服务方向拓展，通过服务增加企业收入，提高企业的竞争能力。

（3）制造企业通过服务提高产品用户的满意度，并了解用户的需求，提高企业的产品创新能力。

发达的服务业是与发达的制造业相联系的。处于价值链低端的传统制造业不会引导发达的服务业的出现，除非城市拥有特殊的自然景观和人文景观，如靠旅游带动服务业发展。

图A3描述了智能制造为智能城市提供优质制造服务的概念。

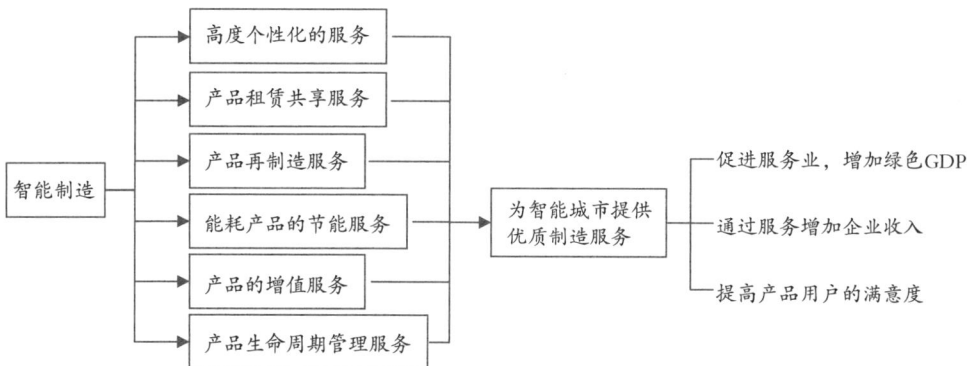

图 A3　智能制造为智能城市提供优质制造服务

通过产品智能制造服务，能够创造出大量低资源消耗、低环境污染的工作岗位，能够延长产品的生命周期，或使能耗产品在其生命周期中处于较低的能耗水平，在帮助用户降低成本的同时，也使企业和社会获利。

智能制造服务的支撑工具主要有以下几种。

（1）智能制造服务设备和装置。制造服务状态／环境的智能感知与传感设备和装置可以帮助企业了解用户手中的产品的运行情况，可以进行远程监控；可以通过服务机器人等为用户提供服务；可以通过再制造设备进行产品的再制造，延长其服役时间；可以提供整体解决方案服务。

（2）智能制造服务软件。帮助企业为用户提供基于泛在网络的远程"一对一"的产品使用和维护服务；提供各种新的专业化的增值服务。

（3）智能制造服务知识库。在制造服务中还需要大量的知识支持员工进行智能制造。智能制造服务知识库类似智能设计知识库。

五、《中国智能城市信息环境建设与大数据战略研究》摘要

随着中国城镇化进程的加快，无论是新兴城市还是已经发展起来的老城市，都被赋予了前所未有的经济、政治和文化功能，也无可避免地被推到了中国经济、社会发展舞台的中心，发挥着主导作用。但与此同时，城市发展中也出现了资源与能源过度消耗、环境污染、交通堵塞、住房不足等严重问

题，面临着就业、医疗、教育等多方面的挑战。因此，推进中国城市智能化发展，走科学、节约、绿色的发展道路已成为一个重大而紧迫的任务。

（一）对智能城市的新理解

人类追求智慧城市已有2000多年的历史，但从柏拉图的理想国到霍华德的田园城市和柯布西耶的明日之城，都带有乌托邦的色彩，很难解决今天的大城市病。柏拉图认为，理想的城市必定是智慧的、有序可控的。他认为，只有哲学家才能成为理想城市的领导者，因为哲学家不羡慕金钱，不追求财富，而是追求智慧。今天，我们已经找到了建设智能（智慧）城市的道路，那就是基于大数据和云计算的信息化道路。大数据的纽带，将人类社会（包括哲学家）、物理世界和信息空间融合成一个智能化的三元世界。

自2008年IBM提出"智慧城市"的概念以来，全世界许多城市都实施了智慧城市发展计划，认同这是未来城市发展的趋势。美国国家情报委员会2012年发布的一份报告认为：从现在到2030年，影响全世界变化的重要技术有13项，其中之一是"智慧城市"技术。几年来我国有300多个城市竞相提出智慧城市的建设规划，这对推动我国经济社会发展有积极作用。但由于没有认清我国城市和整个国家发展的阶段性和特殊性，智能城市建设一定程度上表现出"大干快上"的盲目性，带来一些后遗症。

我国城市发展与发达国家所处的阶段明显不同。发达国家城市发展已经走过了大规模城镇化和工业化时代，当前主要任务落在城市管理与服务的智慧化层面。中国正处于大规模城镇化建设阶段，遇到的困难和问题与国外不同，中国城市的发展路径必然是独特的。当前我们处于信息化、工业化和城镇化相融合的阶段，仅仅考虑城市管理和服务的智慧化是远远不够的，而要综合考虑中国城市发展的技术、政策、法律和文化等诸多方面的国情和需求。建设智能城市不仅要有先进的信息技术，建立以云计算为代表的"第三平台"，而且要构建以人为本的公正法治体系和协同合作的和谐文化氛围。

在本课题的研究中，我们对智能城市有几点新的认识。

1. 智能城市强调基于大数据的综合集成与一体化知识

智能城市（一体化知识）＝∑智慧城市（行业知识）＋大数据技术

目前各地实施的"智慧城市"建设基本上是在各种应用的离散框架下进行信息资源的处理，是一种分解问题、各个击破的思维模式，强调对单个问题的解决，重点是"分解问题"，"解决分解后的问题"。"智能城市"强调综合集成的一体化知识。过去的智慧城市建设为智能城市的集成化、一体化提供了知识积累。智能城市是大数据的百宝箱，数据技术是治疗大城市病的手术刀，利用大数据技术可以破解智能城市建设中遇到的诸多问题。建设智能城市实质上是让一个城市又好又快又省地巧妙发展的过程，要将我国"城镇化 2.0""信息化 2.0""工业化 4.0"深度融合，走中国特色的道路。

2. 智能城市是经济新常态下以信息化带动"四化"的城市建设新阶段

智能城市是在数字化和网络化的基础上，城市信息化向高端（智能化）发展的新阶段。云计算和大数据是实现智能城市的关键技术，是经济发展新常态下提高生产率的新杠杆，对经济的转型起引领和带动的作用。互联网思维、组合创新、创客、DIY 等新趋势都与云计算、大数据有关。城市的智慧之源来自于计算机和网络的充分利用，来自于基于数据、信息和知识的决策。

3. 建设智能城市一定要应用驱动，不能走技术驱动的道路

智能化是城市科学发展的内涵之一，不是高于一切的终极追求。智能化是一个没有止境的动态目标，技术和需求都在不断发展，过一段时间对"智能城市"又会提出更高的目标。一个城市智能化程度的高低，与其信息化基础条件有关，不能盲目攀高。发展信息技术的目的是为人服务，检验一切技术的唯一标准是应用。技术有限，应用无限。我们一定要坚持"应用为先"的发展战略，坚持应用牵引的技术路线。不能走技术驱动的道路，要从实际情况出发，与时俱进、因地制宜地设立合理的目标。各地建设智能化的信息环境，一定要通过政策和各种措施调动应用部门和创新企业的积极性，通过跨界的组合创新开拓新的应用，从应用中找出路。

（二）建设智能城市的首要任务是建设良好的信息环境

中国智能城市发展包含五大目标。

（1）在基础环境建设方面，要构建包括感知终端、信息网络和云计算中心的基础信息设施，全面支撑城市公众、企业、政府间的信息沟通、服务传递和业务协同。

（2）在民生服务方面，要提高市民应用信息技术的意识与能力，熟练获取各类信息服务，提升生活质量。

（3）在产业发展方面，要借助信息技术提高创新活力和城市竞争力，实现可持续发展。

（4）在政府管理方面，要实现城市治理的高效精准，提升管理效率与服务效果。

（5）在体制机制和文化建设方面，要体现让数据说话的科学决策机制，建设具有智能城市特色的文化制度。

要实现上述目标，首要任务是做好智能城市的信息环境建设。信息环境是与信息活动有关的各种要素的总和，既考虑信息传播应用对社会发展的作用，又考虑各种社会因素对信息活动的影响。从宏观上看，信息环境包括社会（人文）环境、经济环境和技术环境。建设智能城市本质上是建设满足信息时代需求的工作和生活环境，不仅涉及信息获取、传输、存储和处理的硬设备环境，更重要的是反映人们的认识和内心需求的软环境。

智能城市的社会环境反映政府、企业和市民对信息时代的认识和需求。如果一个城市的地方政府和市民对信息时代的认识不到位，思想还是停留在以大量消耗不可再生资源为主的工业时代，就不可能真正用心建设智能城市。因此，信息化的教育和对信息消费需求的引导是建设智能城市的前提。政策环境是信息环境的重要方面。制定以信息化带动工业化、城镇化和农业现代化的明智政策是建设智能城市的必要条件。

经济环境经常被说成是信息产业的生态环境，即借用生态学的理论与方法考察企业的生存和发展环境。对于智能城市建设而言，特别重要的经济环境是中小型创新企业和开源社区。政府开放的各种数据，只有通过众多中小企业的增值创新才能形成大规模的信息服务。我国阿里巴巴、腾讯、百度等网络服务商已进入世界前 10 名，这些龙头企业是建设智能城市的重要力量。但如果建设智能城市的政策只向现在的龙头企业倾斜，就可能形成垄断，扼杀创新。要发展大数据等新技术，开源社区和众包是最有效的途径，我国对开源社区的贡献与我国的经济地位很不相称，今后必须高度重视。

智能城市的技术环境包括端、网、云等各个环节。智能化的物联网（传感网）构成智能城市的"神经末梢"，互联互通的信息网络构成智能城市的"神经网络"，基于云计算和大数据分析的业务应用平台构成智能城市的"神经中枢系统"，城市的海量数据构成智能城市的"血液和养料"。

宽带和无线网络是智能城市最基础的技术环境。我国的宽带网建设曾经远远落后于国外，导致我国几项信息化指数的国际排名连续下滑（2014 年我国的网络就绪指数（Networked Readiness Index，NRI）排名又下降了 4 位，已降至第 62 名）。据报道，近两年我国宽带网建设有很大的进步。预计 2015 年光纤到户的用户会超过 8 000 万户，宽带用户占比会达到 40%，超过发达国家平均水平。但我国的宽带是指 4Mbps 以上带宽，国际上大多是 20Mbps 以上，我国宽带用户的实际感受远不如国外，网络建设还任重道远，不能盲目乐观。

现在的信息环境已不是一人一机的人机共生系统，而是"人—机—物"三元世界融合的系统。未来智能城市的信息环境逻辑上应该是一体化的，建立智能城市信息环境要克服互联互通中"信息孤岛"和"信息烟囱"的弊端，避免城市信息环境的"碎片化"。当前工信部、科技部、住建部和旅游局都各自实施了智慧城市计划，我国的智慧城市建设尚缺乏信息环境建设一体化部署。

信息环境处在不断优化、演进的进程中，现在建设的信息系统将来可能会不适应大数据技术发展的新条件和新框架，因此，需要不断进行改造，需要对信息环境的演变有一定的前瞻性。智慧城市建设的成本很高，6 平方千米的韩国松岛智慧城市建设计划投入 350 亿美元。智能城市信息环境建设一定要有成本意识，量力而行，分阶段进行。对还没有形成标准的信息技术，现阶段不宜过度投入。近几年应大力推动与智能城市有关的标准与规范的建立，同时要高度重视政策的制定和民众的教育。

（三）大数据对城市信息环境建设带来的挑战

大数据不仅是一种工具，而且是一种战略、世界观和文化。大数据将带来一场社会变革，特别是公共管理与公共服务领域的变革，对城市信息环境建设也将带来新的挑战。大数据时代，企业关注的重点转向数据，计算机行业正在转变为真正的信息行业，从追求计算速度转变为大数据处理能力，软件业将从以编程为主转变为以数据为中心。大数据处理系统的兴起也改变了云计算的发展方向，使其进入以"分析即服务"（analysis as a service，AaaS）为主要标志的云计算 2.0（Cloud 2.0）时代。

大数据技术起源于互联网行业，目前最成功的应用也在互联网行业。我国各级政府机关和传统行业在日常管理和业务运行中也积累了大量数据，但这些行业的大数据应用还处于初级阶段。大数据的真正价值体现在各个行业的应用和惠民服务，如何唤醒这些沉睡的大数据资源、实现管理上的科学决策、开创新的业务模式，是智能城市建设中亟须解决的问题。

目前大数据分析技术集中在少数互联网企业和科研机构中，但这些机构要么只具备自身行业的数据（如互联网行业），要么缺乏验证技术所必需的样本数据，而真正拥有数据的机构（如政府机关和传统行业）却缺乏必要的大数据分析技术。如何走出这种困境、打通产业链、实现技术和资源的统一，也是城市信息环境建设需要关心的问题。

"大数据"是海量、快速增长和多样化的信息资产，大数据技术是指从各种各样类型的巨量数据中，快速获得有价值信息的技术。通常所说的"大数据"不仅指数据本身，也包括采集数据的工具、平台和数据分析系统。大数据时代带来的挑战不仅体现在如何从巨量数据中获取有价值的信息和知识，也体现在如何改进和发明新的工具和系统，更有效地采集、传输、存储和处理大数据，构建更智能、更加节能的大数据分析系统。

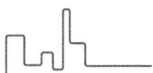

对于大数据分析而言，最重要的基础设施是存储设备。随着数据量的飞速增长，存储设备也必须灵活地实现高度可扩展。大数据分析涉及对社交媒体和交易数据的跟踪，为了进行实时决策，存储系统延迟必须缩小到毫秒甚至微秒级。存储设备也必须能够在同一时间处理来自不同源系统中的数据。固态硬盘（solid state drives，SSD）等新型存储器件越来越受到重视。

由于数量剧增和数据类型的多样化，目前的数据库技术和数据分析算法不适应多模态混合的数据，也不适应快速、实时处理的要求，一些过去看似正确的假设在大数据应用中已经失效。分布式文件系统、分布式数据库、流处理、图计算等新技术成为数据管理和分析的热点。软硬件协同设计、"软件定义"成为大势所趋。从本质上讲，"软件定义"是希望把原来一体化的硬件设施拆散，变成若干个部件，再为这些基础部件建立一个虚拟化的软件层。

大数据安全也面临着极大的挑战。大数据未能妥善处理，会对用户的隐私造成极大的侵害。人们面临的威胁不仅限于个人隐私泄露，还在于基于大数据对人们状态行为的预测，即使是匿名的数据，也有可能通过"去匿名"技术定位到个人。大数据系统中存储的数据没有得到像传统数据库相同级别的保护。数字签名、消息鉴别码等技术在应用于大数据的真实性鉴别时，面临着很大困难，虚假或错误的数据可能导致安全灾难。

在大数据与云计算生态系统中，国际上已经有 Hadoop、Spark、OpenStack 等被广泛采用的开源软件。在全球近万名社区核心志愿者中，来自中国的目前可能还不到 200 名。"十三五"期间要争取培育出 1 000 ~ 5 000 名核心社区志愿者，为开源软件做出更大的贡献。自主创新不是参照国际上已有的软件自己开发一套，而是引领世界，进行开发、使用和维护。我们要努力构建自主合作的生态系统，培育出 2 ~ 3 个我国主导、全球参与的开放软件生态系统，摆脱封闭专有软件的制约。

（四）智能城市与大数据信息环境建设中的三个重要问题

1. 城市数据连续性（continuity）管理的原则和实现途径

数据对象连续性管理包括以下三个方面。

（1）数字生成文件，即能够以数字方式保存和提供可持续再用的能力。为此，文件的形成者、保管者和利用者应该建立共同遵循的文件治理机制，共同维护电子文件在其全生命期内的真实性、可靠性、完整性和可用性。

（2）数字生成信息，即能够以数字方式维护，确保其可获取、可信任和可持续再用的能力。为此，数字信息的采集者、保存者、服务者应该建立可信数字信息跨系统和平台互联、互通和互认的信息治理架构，共同维护数字信息的质量。

（3）数字生成资源，即能够以数字方式管理，确保其可跟踪、可溯源、可关联和可控制的能力。可跟踪指数字资源能够按照时间顺序预测和模拟其演化趋势，用于舆情分析、模拟测试、市场预测等；可溯源指数字资源能够回溯其历史版本，用于发现证据链和评估数字内容的可信度；可关联指数字资源能够开放关联和跨域存取，避免其片段化；可控制指数字资源能够得到风险控制，维护个人隐私安全和国家信息安全。

数字连续性失控可能导致信息丢失、记忆忘却、身份无法认同、个人隐私和国家机密泄露，数字连续性战略应列入智能城市的范畴，提升我国国家治理的现代化能力。

英国、美国、新西兰、澳大利亚等国为确保数字信息可取、可信、可持续利用、可跟踪、可溯源、可关联、可控制，为提升数据质量和数字管理能力，已制定了一系列数字连续性（digit continuity）战略。

目前我国政府部门仅有极少数机构以数字方式归档保存文件，大多数机构是将电子文件以纸质复制件保存，然后再电子化扫描成数字件供利用。纸质和电子双套制保存，带来了大量工作的重复劳动和人、财、物资源的浪费。调查发现，由于缺少国家层面的数字连续性战略规划和顶层设计，政府数字信息资源失存、失信、失用和失控的问题普遍存在。我们调查分析了我国 63 个与数据资源管理与利用相关的法规标准，对我国 10 个城市 28 个与政务数据资源采集、保管和服务有关的数据中心进行了实地调查。调查结果表明，没有一个相关文件覆盖了数据资源的全生命期、全流程和全管理要素，缺乏统一的数据采集质量标准，缺少法律认可的电子凭证认证依据，缺少跨部门、跨系统和跨地域的统一数据共享交换规则，缺少数据开放利用办法及个人信息保护规则，缺少将政务数据资源视为城市公共资产的信息全生命期、全流程、全要素、全面质量连续性管理计划，缺少数字凭证、数字记忆、数字身份认证的数据可持续利用对策。

针对存在的问题，本课题组从三个层面提出我国城市数据连续性管理的基本原则及实现途径：①宏观层遵循主体联盟原则，制订智能城市数据连续性行动计划，实施数据资源资产管理，建立数据资产登记管理制度、验证制度和认证制度；②中观层遵循活动联通原则，制定智能城市数据处理活动规范化管理标准，实施数据资源风险管理，建立数据开放利用的授权许可框架及契约管理制度；③微观层遵循要素连接原则，实施电子文件自动化管理和数据开放利用在线授权许可，将数据文件自动化管理、数字信息网络化管理和数字资源智能化管理技术连接，并嵌入智能城市的信息基础架构。

为此，建议将数据资源连续性管理和可持续利用计划的制订纳入"十三五"国家电子政务发展规划。

2. 政务信息资源开放利用

政府数据是一笔巨大的财富，也是开启智慧政府的钥匙。智慧政府离不开政府开放数据，而政府开放数据形成的生态圈，则将有力地推动智慧政府又好又快地发展。制订和实施政务数据开放利用计划应该列入我国智慧城市建设项目申报与审批过程，以及信息化项目专项绩效评估与考核之中。

2011年，巴西等8个国家联合发布了《开放数据声明》；2013年，法国、美国、俄罗斯等G8国家签订了《开放数据宪章》；2014年，包括印度、巴西、阿根廷、加纳、肯尼亚等发展中国家在内的63个国家建立了开放政府合作伙伴关系，设立了数据开放门户网站，政府数据开放已经成为国际化发展趋势。根据Open Knowledge Foundation发布的2014年全球开放数据指数显示，中国排名第63位（2013年，中国在这份榜单中的排名是第34位）。我国在政府数据开放方面不但落后于发达国家，而且落后于许多发展中国家。

对与国内政务信息资源开放利用相关的法规文件所进行的调查揭示，我国政务信息资源开放利用还存在以下问题亟待解决：①对于个人和企业获得政府信息后能否用于商业性开发利用，没有法律法规依据；②缺少开放数据的在线许可使用机制，仅为数据公开而非开放；③政府数据网站内容较少且类型单一，数据资源质量参差不齐；④数字文件没有法律效力，缺少数据资源资产化管理制度和操作规范等。

本课题组提出，政务数据开放利用应遵循以下六项原则。①开放原则：以政府数据的合法合规合标开放共享为原则，不提供开放利用视为例外。②保障安全原则：根据安全等级确定数据开放利用范围、风险等级及使用权限。③增值导向原则：促进数据资源社会化增值开放利用，注重数据资源的公益性和商业性利用。④质量保障原则：内容完整可信，数据格式方便使用，内容及时更新。⑤责权利统一原则：政府对数字采集质量和开放使用授权及数据资源服务平台负责，数据开发商和数据使用者对下载后数据的使用行为负责。⑥数字连续性原则：对政府数据实行全生命期的管理，合法采集、合规登记、合标更新、安全存储和及时处置，保证管理活动的连贯性、一致性和规范性。

引入市场机制是促进政府数据开放的重要途径。政府数据资源可以用API接入的方式，实现形式上的数据资源整合，而数据集的管理和维护仍旧由现有的部门实施。采用API接口为实时计费提供了可能。政府开放数据也可通过第三方门户将分散的政府数据加以搜集、精炼并归类，形成可用的数据集，供公众、企业使用。

数据开放虽然呼声很高，但是预期在5～10年内才会达到成熟期。政府开放数据是一项开支巨大的举措，也是耗时间耗人力的大工程。我们应冷静地分析：政府大规模开放数据的时机是否成熟？哪些数据应首先开放？数据开放后能带来多少的社会和经济效益？基于这些问题，本课题成员协助东莞市政府做了一次实名调查。

本次调查基于东莞市政府开放数据意见征集平台的网站数据以及纸质的《政府开放数据意见征集调查问卷》进行。网站数据包括了网站的总访问量、可区分的访客人数等；纸质问卷发出5 000份，回收了有效问卷4 264份（有效回收率为85.28%）。东莞市政府公开的数据目录（还没有开放目录下的数据）有7个大类，分别是文化教育（32项）、环境（25项）、民生（10项）、经济（6 项）、农业（4 项）、安全（3 项）、医疗（2 项），总计 82 项。

调查统计结果表明：受访者对大多数的公开目录持支持数据开放的态度，受访者最希望开放的是与自身密切相关的环境数据（支持率排名前四），其次是文化教育数据。明显涉及个人信息的数据开放会遭到比较强烈的反对，如"东莞市学生运动员信息"的数据开放反对率高达 19.58%；涉及负面信息的数据开放也会遭到民众的反对，例如目录名称中包含"处罚""无证"等关键字的数据；但相对涉及个人信息的数据开放阻力会小得多。学历属性和支持度呈明显的正相关关系，本科以上学历的受访者对政府开放数据的态度最积极。学历越低，表现出来的兴趣越低。大学生和白领对政府开放公开目录数据的积极态度远比其他职业类别高，待业 / 家庭主妇和务农的受访者相对其他职业类别明显表现出更低的兴趣度。从商的受访者对政府开放公开目录的数据相当谨慎。

东莞市政府开放数据意见征集平台于 2014 年 7 月 1 日正式上线，至 12 月 16 日，浏览量仅为 4 028 人次，可区分的访客人数仅为 564 人，访问量稀少且跳跃率高达 54.26%。这说明现阶段民众对政府开放数据的了解不多，更谈不上需求。同期上海政府数据服务网访问人次最多的"房地产开发企业基本信息"也仅被浏览了 3 147 次，下载人次最多的"派出所基本信息"仅被下载了 4 740 次。相比上海庞大的人口数量，目前政府数据网站的关注度还非常低。

这次调查的结果表明：现阶段政府还不用急于向民众大量开放数据。近两三年内，应抓紧落实立法，制定开放规则；普及和提高民众对政府开放数据的认识，为政府数据的大量开放做好准备工作。现阶段政府开放数据，可先开放民众最为关注的环境数据以及文化教育数据；针对企业，可先开放工商管理、人力资源、政府对企业科技支持等方面的数据。

3. 政务信息资源管理与个人信息保护

智能城市的建设也有"两翼"和"双轮"：一个是政府数据的开放和共享，另一个是个人隐私数据的保护。这两方面都要制定有利于智能城市健康发展的法律法规。"数据开放"和"信息安全"是同一事物的正反两面，要坚持"以发展促安全、以安全保发展"的原则，不能以不上网、不共享、不互联互通来保安全。

国外个人信息保护有以下发展趋势：①从机构内保护到机构间协同保护，从公共部门保护到公共部门与私有部门和第三方合作协议保护；②技术对策、行政程序和法律遵从并举，技术上有防止数据泄露的数据掩蔽技术、个人信息不可识别处理技术等；③全生命期、全流程和全要素综合集成管理。

国外个人信息保护有以下经验可借鉴：①从法律、管理学、社会学、信息技术等多学科视角，考虑信息技术对隐私数据的隐蔽处理、安全保护及风险控制要求，考虑多种影响因素及其相互作用；②应制定多利益相关方协议，明确个人信息的管理者、信息主体以及信息产品生产者、服务者和消费者等所有相关方的权利、责任和义务；③要按照"共同带有区别"的原则，将个人信息分为个人一般信息和个人敏感信息，在规范个人一般信息管理流程的基础上，对个人敏感信息提出更严格的管理要求。

在大数据背景下，个人信息保护有三个新特点：①个人信息范畴与价值增大；②个人信息提供与利用环境更加多样；③个人信息处理全程风险增大。

迄今为止，我国尚无专门的个人信息保护信息法律，也没有适用于国家机关的个人信息全生命期管理政策和规范。现有法律涉及最多的领域是金融保险，对政务领域的关注较少；现有网络环境方面的法规，主要对象为网络服务提供者、电信业务经营者和互联网信息服务提供者等，不适用于国家机关；现有法律关注最多的是保护，缺少保护和利用平衡的视角。我国法律中涉及个人信息保护的要求主要集中在安全和保密，对合法利用和安全利用关注不够。

结合国际经验和国内现状，本课题提出七条个人信息保护和信息资源开发平衡的对策制定原则：①合法便民原则；②安全性维护原则；③全程管理原则；④信息化治理原则；⑤风险导航原则；⑥协同管理原则；⑦综合集成管理原则。

六、《中国智能城市信息网络发展战略研究》摘要

智能城市是城市发展新阶段，目标是利用新一代信息通信技术，解决城

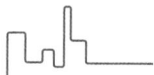

市建设和管理、产业升级和社会民生等问题和挑战，使得城市发展可持续、经济社会运行更高效、百姓生活更美好。

信息网络技术为智能城市的建设提供了重要的支撑，同时智能城市也为信息网络技术的研发与应用营造了有利于创新涌现的良好发展环境。两者相互促进，将带来人们生产、生活方式的颠覆性变化。

当前，以宽带网络、移动互联网、物联网、云计算、未来网络等为代表的信息网络技术正呈现出诸多新的发展趋势，我国要以智能城市建设为契机，从核心技术、市场推广、产业链建设等多方面加快新一代信息网络发展，为智能城市建设提供有力支撑。智能城市信息网络建设，要紧密围绕智能交通、智能医疗、智能电网等应用领域需求，打造具有泛在智能、开放共享、异构融合、无缝移动、安全可信、绿色节能、简单透明、灵活扩展等特征的智能城市信息网络基础设施。

（一）智能城市信息网络建设背景

1. 智能城市信息网络建设与推进的总体战略

（1）指导思想。以科学发展观为指导，坚持以智慧应用为导向，以智慧产业发展为基础，以市场需求和创新为动力；紧密围绕政府领域、产业发展领域、民生领域中的应用需求，加强与电信、广电运营商等大企业的合作，加快网络基础设施建设，为智能城市发展提供安全、可靠、超前的基础保障；大力推动基于新一代信息技术的各类新兴智慧型产品与服务的研发制造和广泛应用，着力促进信息化与工业化、城镇化、市场化、国际化的融合；推进技术创新、应用商业模式创新、行业应用标准和制度创新，提高智能城市信息网络建设的联合攻关能力、协同创新能力和市场开发能力，加快智能城市建设进程。

（2）战略定位。智能城市信息网络建设是智能城市建设的重要环节，关系到国家重大核心利益，对国家信息安全具有重要影响，并孕育着巨大的产业机会。建设智能城市信息网络是实现网络自主可控发展的重要抓手，更是实现网络强国的重要内容和机遇。网络安全事关国家安全、经济发展和社会稳定，要从国家战略层面整体布局，搞好规则设计，综合施策，发挥集中力量办大事的制度优势，找准差距，加大投入，奋起直追，努力把我国建成战略清晰、技术先进、产业领先、攻防兼备的网络强国。

（3）战略目标。充分利用物联网、云计算、宽带网络等新一代信息网络技术，构建智能城市信息网络，建设具有泛在智能、开放共享、异构融合、无缝移动、安全可信、绿色节能、简单透明、灵活扩展等特征的城市信息网络基础设施，打造资源虚拟化、计算服务化、管理智能化的新一代云计算网络平台；推进2G、3G、4G与WLAN网络的融合发展，打造以宽带化、扁平化、融合化为核心特征的基础信息通信网络，推动电信网络基础设施共建共享和广电网络的双向改造，加大家庭信息网络的建设，加快未来网络技术的科研与产业布局。建设支撑智能城市多样信息并具备高性能计算、存储、传输能力的综合信息平台，建立涵盖政府管理、公众生活、行业发展等方面的多样泛在的知识与信息中枢，打造整个城市运行与管理的"指挥部"和"参谋部"。

从全球来看，依托智能城市促进信息网络技术发展受到了许多发达国家的高度关注。例如：美国将"智慧地球"提升为国家战略，并提出了"国家宽带计划"；欧盟发布了面向2020年的信息社会发展计划——"欧洲数字计划"，提出了加快建设快速和超高速互联网接入的计划；2009年，日本发布了"i-Japan战略2015"；韩国提出了"IT韩国"未来战略，通过构建世界最先进的物联网基础设施，打造未来广播通信融合领域的ICT强国。

2. 国内智能城市信息网络发展现状与面临问题

总体而言，我国智能城市信息网络虽然在技术研发、标准研制、应用示范等方面取得了显著进展，但仍处于起步阶段，存在核心技术和产业基础相对薄弱、系统集成服务能力和应用水平较低、规模应用不足、行业壁垒亟待破除等问题。此外，我国智能城市信息网络建设缺少对信息网络发展模式以及定位、运营、建设模式的考虑。本课题组通过借鉴国外智能城市信息网络的建设思想，从研究的角度，分析了我国城市信息网络的建设现状，总结出我国城市信息网络目前面临的若干问题。

（1）在政府管理方面，我国城市信息网络面临以下问题。

□ 信息安全依然缺乏顶层设计。智能城市信息网络建设过程中，信息安全十分重要，然而我国目前仍然缺乏信息安全顶层设计，信息安全关键技术薄弱，产业化水平较低，缺乏网络整体防御的能力。

□ 信息网络基础实施利用率不高。智慧城市建设有必要对现有信息网络具体分析，以共用基础设施为指导原则，加快政府信息资源目录和交换体系建设，探索建立多层次、跨区域、跨部门、跨领域的信息资源开发和共享机制，推进信息由单一系统共享向多系统共享的转变，实现基础设施的共建共享。

□ 信息网络和智能城市传统行业深度结合能力不强。信息网络在支撑信息消费方面有待进一步提高，信息网络的利用"宽度"和"深度"有待加强。以宽带网络为例，美国在宽带网络建设过程中除了重视网络覆盖率以及带宽之外，更强调宽带网络和实体经济的结合，如能源、环境、医疗、教育等，以期信息网络促进实体经济进一步发展，而我国在这方面亟待提高。

（2）在网络建设方面，我国城市信息网络面临以下问题。

□ 信息网络公共基础设施缺乏整体规划。国内三大运营商基站站址、管网、移动基站铁塔、驻地网等重复建设严重，缺乏共享机制，且基础设施缺乏全生命周期监控，导致事故预警及定位困难。

□ 信息网络体系架构扩展性不足。网络不可控、不可管，缺乏服务质量（quality of service，QoS）保障，网络传输能力低下，重复传输严重，网络缺乏流量工程、操作维护和资源管理功能。

（3）在用户体验方面，我国城市信息网络面临以下问题。

□ 网络带宽不足。截至2014年，我国光纤到户（fiber to the home，FTTH）网络实际用户开通率不足35%，宽带网络发展迟缓，网络容量不能有效支撑智能城市未来的大规模应用；全球最大的内容分发网络（content delivery network，CDN）服务商美国Akamai公司2013年第3季度发布的互联网报告显示，我国宽带网络在全球排名为第75位。

□ 延迟问题严重。跨因特网服务提供商（Internet service provider, ISP）网络延迟严重，80%网络处于非健康状态。2012年，每月的全球IP总流量已达到44艾字节（exabyte, EB），到2016年，每月全球IP流量预计为110艾字节，激增的流量使得在当前带宽条件下，网络延迟问题严重。

3. 智能城市信息网络建设需求分析

智能城市涉及人类生活的各个领域，包括交通、电网、医疗、工业、农业、旅游、物流、环保、建筑等（见图A4）。每个业务领域对信息网络既有共性的需求，也有针对特定行业的特定需求。

考虑到信息网络在智能城市建设中的支撑性作用，其建设在满足城市智能化共性需求的同时，要深入结合每个行业的特性需求，以实现与行业的深度融合和有效支撑。

进一步说，信息网络与智能城市产业相结合，利用新技术对传统行业进行改造和提升，可以颠覆性地改变企业的经营管理方式和盈利模式，以及人们的工作方式和生活方式。

图A4 智能城市信息网络应用需求

（二）智能城市信息网络整体规划和建设内容

智能城市信息网络的建设，就是要紧密围绕政府领域、产业发展领域、民生领域中的应用需求，打造具有泛在智能、开放共享、异构融合、无缝移动、安全可信、绿色节能、简单透明、灵活扩展等特征的水平化城市信息网络基础设施（见图 A5）。

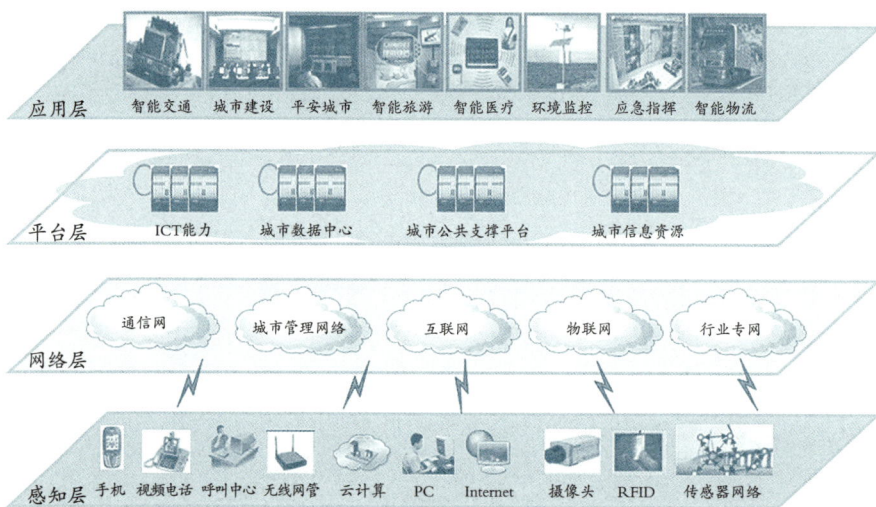

图 A5　智能城市信息网络体系架构

具体来讲，智能城市信息网络体系架构自下而上分为感知层、网络层、平台层、应用层，以及完善的标准体系和安全体系。

感知层是智能城市实现"智能化"的基本条件。感知层具有超强的环境感知能力和智能性，通过 RFID、传感网等物联网技术实现对城市范围内基础设施、环境、建筑、安全等的监测和控制，为个人和社会提供无处不在、无所不能的信息服务和应用。

网络层是智能城市中的信息高速公路，是未来智能城市的重要基础设施。未来城市的通信网络应该是由大容量、高带宽、高可靠性的光网络和全城覆盖的无线宽带网络所组成的，为实现城市的智能化奠定良好的基础。同时，让市民"随时、随地、随需"都可以宽带上网，而且可以享受网络电视、高清电视、高清视频通话等宽带业务。

平台层的核心目的是让城市更加"智能"。在未来的智能城市中，数据是非常重要的战略性资源，因此，构建智能城市的平台层是智能城市建设中非常重要的一环。平台层的主要目的是通过数据关联、数据挖掘、数据活化等技术解决数据割裂、无法共享等问题。信息平面包含各行业、各部门、各企业的数据中心以及为实现数据共享、数据活化等建立的市一级的动态数据中心、数据仓库等。

应用层主要是指在感知层、通信层、数据层基础上建立的各种应用系统。建设智能产业、智能管理和智能民生构成的智能应用层，从而促进实现"产业发展、功能提升、民生幸福"的智能城市。

（三）智能城市信息网络发展愿景

智能城市信息网络的发展愿景为：构建泛在融合、开放可扩展、安全可控、宽带高速、绿色节能的智能城市信息网络基础设施，为智能城市业务承载提供强有力的支撑。打造覆盖城市管理、产业发展、人民生活的信息枢纽中心，为城市运行、管理提供全面的信息感知、分析、处理能力。

智能城市信息网络充分利用物联网、云计算、宽带网络等新一代信息网络技术，建设高速、宽带、融合、无线的新一代智能信息基础设施，满足任何物、任何人都可以随时随地上网，与所有人或物联通。在这个网络体系架构下，无论使用者是在电脑前、厨房里，还是在便利店购物，或是在火车站候车，都能通过便利的方式连入网络。在城市信息网络建设过程中，无所不在的传感器网络也将成为"智能城市"最基本的基础设施，通过对城市各系统进行信息采集、监控和分析，可实现对城市的全面物联和感知。在未来的智能城市中，信息基础设施将与城市水、电、气、公路等设施通过传感网络紧密联系、融为一体，共同构成城市的基础设施，全面满足城市人与物的联通需要，最终实现对城市运行的全面感知和智能决策，并通过城市各个信息系统间的广泛联通、信息共享和协同运作，整合与优化各种城市资源，提高城市运行管理和服务水平，改善市民生活和生态环境。

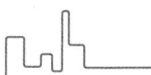

智能城市信息网络主要可在以下几个方面得到应用。

（1）智能政务。政府机构应用现代信息和通信技术，将管理和服务通过网络技术进行集成，在互联网和无线网络上实现政府组织结构和工作流程的优化重组，超越时间、空间与部门分隔的限制，全方位地向社会提供优质、规范、透明、符合国际水准的管理和服务。

（2）智能交通。可随时随地进行航班、火车、公交、客运查询，不受时间空间限制，随时随地购买电子票，票款通过话费或手机支付账号支付，支付成功后手机会收到一条含有二维码的信息，到验票口凭该信息刷手机即可验票上车；可通过手机、电脑随时随地查看城市各个路段的拥堵和通行情况，更好地规划出行路线，避免堵车。

（3）智能公共服务。可通过网络进行水费、煤气费、电费、公积金、社保、医保、个人所得税查询，并可进行网上缴费；可通过网络办理护照。可通过智能城市平台获取咨询服务、家政服务、生活用品配送服务、社区信息服务、预订服务等；可通过智能城市平台获取各类与孕妇保健、胎教、婴幼儿成长、疾病、营养、护理、安全等相关的信息咨询服务。

（4）智能生活。可通过智能城市平台获取各地的交通攻略、美食餐厅攻略、美食点评和餐厅图片，了解餐厅环境、服务等信息；可通过智能城市平台获取实时选座购票、最新电影快讯等服务；可通过智能城市平台获取本地优惠积分资源，以及优质商户向用户提供打折优惠、节日促销等信息。

（四）措施与建议

当前我国的经济正面临着转型机遇和挑战，以智能城市为抓手、推进我国网络强国建设、建设新一代信息网络具有重要意义。建议我国加快智能城市信息网络的研究与建设，如此才能提高我国在国际智能城市建设市场上的影响力，进而为我国在未来全球智能城市的标准化和规范化建设中奠定坚实的基础。具体建议包括以下几点。

1．重视信息网络基础设施的共建共享

城市信息网络建议将中心机房、接入网机房、移动通信基站、管道等基础设施纳入统一配套规划，政府主导协调各运营商，整合各方需求和资源，共建共享，统一建设，节约资源。此外，应该重视信息网络基础设施全生命周期监控，以确保基础设施运营的安全、可控。

2. 加强信息网络在智能城市实体经济领域中的深度应用

深化信息网络在智能城市教育、医疗、交通等实体经济中的应用，并推动信息网络服务技术及机制改革，为相关领域应用提供更加便捷的服务和更加经济的资费等。

3. 高度重视智能城市的网络安全与信息安全问题

目前全球根域名服务器主要由美国、欧盟、日本等控制，这对我国信息安全而言具有严重威胁。从保障国家安全的角度，亟须对我国智能城市建设中的网络信息安全和管理体系给予高度重视。我国要重视信息安全，做好顶层规划，应尽快出台信息安全国家整体战略，综合利用政策法规、技术研发、产业发展等多种方式，构建安全、自主、可控的信息网络。

4. 加强人才培养

建设高素质人才队伍，支持企业人才队伍建设。加快完善高校和科研机构科技人员职务发明创造的激励机制。加大经费投入和政策倾斜，吸引海外优秀人才来华创新创业，依托"千人计划"和海外高层次创新创业人才基地建设，加快吸引海外高层次人才。鼓励企业在人才培养和用人机制等方面，对技术力量薄弱的中西部地区采取适当的倾斜政策。完善科技创新激励机制，提高专业技术人才自主创新和参与科研成果产业化的积极性和主动性。依托重大专项和重点工程，建立和完善产学研合作的人才培养模式。加强高校和中等职业学校新一代信息网络技术产业相关学科的专业建设，改革创新人才培养模式，建立企校联合培养人才的新机制，促进创新型、应用型和复合型人才的培养。

5. 加大资金扶持力度

在整合现有政策资源、充分利用现有资金渠道的基础上，建立稳定的财

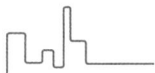

政投入增长机制，设立智能城市信息网络技术发展专项资金，着力支持重大关键技术研发、重大产业创新发展工程、重大创新成果产业化、重大应用示范工程及创新能力建设等。结合税制改革方向和税种特征，针对智能城市信息网络技术产业的特点，加快研究、完善和落实鼓励创新、引导投资和消费的税收支持政策。加强金融政策和财政政策的结合，鼓励金融机构加大对智能城市信息网络技术产业的信贷支持。发挥政府新兴产业创业投资资金的引导作用，扩大资金规模，扶持发展与新一代信息网络技术相关的创业投资企业，引导民营企业和民间资本投资智能城市信息网络技术产业，带动社会资金投向处于创业早中期阶段的创新型企业。

七、《中国智能建筑与家居发展战略研究》摘要

智能建筑的概念自从 20 世纪 80 年代被提出以来，经过近 30 年的发展，在我国已经形成了一定的产业规模，数量不菲的高档写字楼、宾馆安装了智能化系统。但是从安装有智能化系统的建筑面积比例和人均智能化系统投资来看，我国的建筑智能化普及率跟世界发达国家相比有较大差距，智能建筑的建设尚有较大发展余地。随着信息技术、电子技术的飞速发展，IBM 于 2008 年提出了"智慧地球"的概念。作为智慧地球组成部分之一的"智慧城市"概念，引起了世界各国的重视。智慧城市作为我国新型城镇化的一项重要内容，吸引了众多城市的关注，截至 2013 年 9 月，我国已有 311 个城市在建或欲建智慧城市。

作为智能城市的基本节点和智能化的先行者，在智能城市建设浪潮的新背景下，智能建筑应该如何发展，是应该趁着智能城市建设浪潮大力发展，还是应该本着投资效益最大化的原则审慎地进行智能建筑的建设，这是眼前亟待确定战略方针的问题，它将决定智能建筑市场与智能化技术能否沿着健康高效的道路发展下去。因此，迫切需要对智能建筑产业及智能化系统运行现状进行调查，并针对智能建筑目前的产业状况、运行效果以及智能城市建设的需求，梳理出智能建筑产业的发展战略，以满足我国新型城镇化发展和

节能减排的需求，建立我国自主知识产权的智能建筑技术体系，使智能建筑成为"中国创造"战略的组成部分。

为此，本课题组调研了国内外文献对智能建筑相关问题的研究，访谈了智能建筑设计人员、施工人员、运行管理人员对智能建筑的理解与需求，并深入典型办公建筑、展览建筑、酒店、商业综合体、校园建筑、住宅与社区，现场调研了这些建筑智能化系统的运行现状。通过这些调研，总结了我国智能建筑的市场、建设与运行管理的现状，分析了目前智能建筑产业存在的问题及其原因，并提出了解决这些问题的对策，指明了我国智能建筑未来应该如何发展的战略方向。

（一）智能建筑的现状、问题及原因

建筑智能化系统在应用上真正起作用的是远程监测与远程控制功能。远程监测与远程控制功能可以大大提高工作效率，减少人工需求。例如，某建筑中有数百台空调箱，如果每天靠人工到空调箱的本地控制箱启停设备，需要几十人花近一小时的时间才能完成。而建筑智能化系统的远程控制功能，使得这项工作由一两人在几分钟之内就可以完成，大大提高了工作效率、降低了人工成本。这是建筑智能化系统最实用的功能，而且实现这一功能的成本并不高。因此智能化系统的远程监测与远程控制功能是应该提倡的。

智能安防、智能消防系统，由于相关政策法规的要求和严格的检查管理，都起到了应有的功能，实际运行效果令人满意。

相当多的建筑业主，把智能化系统作为给建筑贴金的面子工程，所以更在意有没有安装智能化系统，较少关心智能化系统的运行效果，更没有维护保养的投入，结果是智能化系统并没有实现应有的改善管理、优化节能的功能。例如，调研中发现很多建筑安装有电力监测电表，但是需要查阅耗电量数据时，却没有数据，不得已又重新安装一套能耗计量系统，造成极大的投资浪费。控制阀安装错误、控制系统蒙混过关的案例更是不胜枚举。然而，电站、工业生产过程的自动控制，国产化程度很高，运行效果也很好。与此形成鲜明对比的是，在自动控制精度要求远没有工业控制那么高的智能建筑中，90% 的建筑智能化产品采用的是国外品牌，其中却有 90% 的智能建筑没有实现预定的智能化功能。这些现象说明建筑业主并不在意智能化系统能否运行得好，只在意有没有安装洋品牌的智能化系统以充门面。

不同的智能化子系统之间互不兼容，不能交换信息，智能化集成系统无法控制各个子系统。随着信息化、智能化技术的发展，越来越多的建筑设备成为智能化设备，例如电梯、冷水机组、水泵、空调箱都自带控制器。为了解决不同智能设备之间信息交互的问题，世界各国的专业组织提出很多解决方案，如 BACnet、LonWorks 等。但是实际建设中，由于经济利益的驱使，很多智能化设备的厂商并不免费开放自己设备的数据，需要收取数万元的费用才提供一个通信协议转换器与该设备通信，造成了极大的重复投资和投资浪费。很多建筑受到预算的限制，没有购置通信协议转换器，造成建筑智能化系统无法控制该设备，使得智能化系统功能大打折扣。

建筑智能化系统的巨大投资没有带来应有的效益。建筑业主不重视智能化系统的运行效果、没有投入足够的经费进行维护保养是一方面的原因；而设计时盲目拔高，按照不必要的高精度进行产品选型设计，也是造成不必要的高投资和巨大浪费的重要原因。

（二）解决问题的措施

调研中发现，智能建筑的市场乱象亟待解决，投资的巨大浪费令人心痛。为了解决这些问题，让智能建筑走上健康发展之路，需要明确智能建筑应该追求的功能是什么，怎样通过标准规范以及设计文件将需要的功能定义清楚，在施工、验收、运行过程中保障所需功能的实现，投入产出是多少，投资效益如何评价，等等。为此，本课题组提出一种标准化的功能描述方法和一种建筑智能化系统投资效益分析方法作为技术手段，以期解决上述问题。

标准化的功能描述方法将建筑智能化系统的功能分为五个不同的层次：监测、安全保护、远程控制、自动启停和自动调节。针对每类功能采用标准化的描述方法进行清晰准确的定义，对测量精度、系统响应时间、数据记录间隔等功能进行量化描述，作为设计、施工、调试、验收、运维等各阶段通

用的语言，进行功能信息的传递。标准化功能设计描述方法旨在能被业主、设备工程师等非控制专业人士所容易理解，同时作为交接文档，又能清晰、定量地给控制专业工程师提供控制系统设计依据，另外该功能描述文档给工程的调试验收提供了明确、量化的具体依据，并给运行管理人员提供了运行依据。所以标准化的功能描述文档起到了衔接工程中不同专业、不同阶段的作用，避免脱节问题的发生。标准化的功能描述方法所划分的五个不同层次可具体做如下阐释。

（1）监测功能。监测功能描述中的监测对象包括热湿环境参数、机电设备状态、手自动等运行方式、满足管理需要的分项能源、资源消耗量等；同时定量清晰地描述各监测点的测点位置、数据采样方式、数据信息、显示位置和允许延时。监测功能标准化描述起到对后续设计、施工、验收等工程阶段的明确指导作用。如：数据相关信息指导传感器和执行器的选型；安装位置指导传感器和执行器的安装，同时避免因测点选取不当导致测量不反映真实情况的现象；允许延时则是对通信速率的间接引导。

（2）安全保护功能。即对有报警及安全保护需求的监测点的物理位置、采样方式、动作阈值、相应动作、动作顺序、允许延时和记录要求等内容进行定量描述。

（3）远程控制功能。即对通过人机界面启停被监控设备时的操作位置、允许延时和记录时长等内容进行定量描述。

（4）自动启停功能。即对设备启停和工况转换时相关设备的顺序启停控制或执行器状态的调节等进行定量描述。自动启停可以根据使用时间表进行设备的定时运行控制，相对于"自动调节"功能而言，对硬件的 CPU 要求较低，软件编程简单，容易实现。

（5）自动调节功能。自动调节功能主要描述各机电设备或环境参数的自动控制策略，分为自动控制用信息点和自动控制算法两部分。信息点描述定义了策略中的输入输出以及预设信息点，包括各信息点的采样方式、数据精度等。自动控制算法主要描述控制策略主体，包括控制策略的名称、程序触发条件、在何种条件下执行何种动作以及预期目标等。

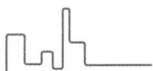

智能建筑投资效益评估方法，主要对建筑智能化系统的初投资及运行维护过程中各项有形与无形的投入和回报进行分析，并采用净现值法计算具体收益值。具体的收益与支出主要包括以下几个方面。

（1）初投资（支出）：包括智能化系统的设计、安装等过程产生的费用。根据有关文献，公共建筑的智能化系统投资为100～300元／平方米，而居住小区的智能化系统投资在50元／平方米左右。根据这些数据，结合建筑面积大小，可以预估建筑智能化系统的初投资金额。

（2）系统维护费用（支出）：按照各子系统维护检修的年平均费用及相应的子系统点数，可以估算智能化系统每年的维护费用。各主要子系统的维护费用标准可以根据有关参考文献选取。

（3）减少管理人员数量（收益）：安装智能化系统后，能够减少楼内空调、照明、电梯等强电设备管理，以及保安等人员管理。可以按照管理人员的年薪估算智能化系统带来的劳动力成本收益。

（4）降低或增加建筑能耗（收益或支出）：安装建筑智能化系统并对之进行设备控制策略优化，可以起到一定的节能效果。香港某公共建筑在其空调系统控制策略进行改造后节省了建筑总电耗的6%，据此可以估算建筑智能化系统带来的收益。但是目前的建筑智能化系统普遍存在的现象是，建筑智能化系统并没有带来预想的节能效果，相反，由于控制策略不当以及传感器、执行器等设备损坏等原因导致能耗增加的例子也屡见不鲜。例如：调研发现，某智能建筑中湿度传感器故障引起的空调系统新风负荷偏大，使得系统能耗增加了20%，若系统中有20%的湿度传感器产生类似故障，那么将使建筑空调能耗增加近4%。由于智能化系统在实际运行过程中状况较为复杂，较难确定具体的节能或耗能量，上述的百分比分别估算智能化系统可能带来的能耗收益或能耗损失仅供参考，更准确的数据需要在调研更大量样本的基础之上才能确定。

（5）无形收益。采用层次分析法两两比较的思路，将智能化系统带来的无形收益的各项指标进行量化分析，从而得出无形收益量化后的估算值。参考项目投资为公司带来的9类无形收益，包括创新能力、产品质量、客户、管理、联盟、技术、品牌、雇员和公司环境。结合建筑智能化系统的实际情况，在以上指标的基础上进行筛选和变化，给出智能化系统能够带给建筑的优势方面，即无形收益的评价指标共7项（以U1，U2，…，U7表示）。

- □ 雇员：提高员工工作效率（U1）。
- □ 品牌：提高广告宣传效果（U2）；提高出租、售房率（U3）。
- □ 服务：为用户提供某项服务时，用户需要等待一段时间，智能化系统能够缩短这一时间（U4）；提高客户对服务的满意程度（U5）。
- □ 环境：提高建筑或企业对生存环境的适应能力（U6）；改善建筑或企业的形象（U7）。

上述7项指标能够基本涵盖智能化系统有利于建筑或企业的主要方面，对其进行一定的量化分析，便能得出无形收益具体数值的估测结果。

采用生命周期成本分析的方法，考虑智能化系统的设计、安装、运行、维护等过程，计算建筑智能化系统在建筑生命周期内的费用与效益的净现值（net present value，NPV），作为智能化系统的投资决策的依据。

（三）发展道路与策略

基于上述调研与分析，智能建筑与智能家居应该以"顶层设计、市场主导、注重实效、加强管理"为原则，以功能需求为导向，建设能够真正实现保障安全、加强管理、提高工效、节约能源的建筑智能化系统。

随着信息技术、电子技术、数据技术的发展，越来越多的建筑设备成为智能设备，需要确立一个数据标准，让所有的智能化建筑设备能够在一个系统平台上运行，不需要协议转换，建立如同Internet平台的建筑智能化系统平台，让不同功能的软件都能在此平台上免费运行。借此契机，建立我国自主知识产权的智能建筑技术体系，打破国外技术垄断，使智能建筑成为"中国创造"战略的组成部分。

智能家居应该追求的功能是智能化的消防、安防、能耗计量，而不应追求远程控制家电、窗帘、照明的全自动化等功能。开关灯、开关窗帘等人举手之劳即可实现的功能，如果实现全自动，反而弱化了人自身的能力，而且与人自己手动控制照明相比，根据照度设定值自动控制照明能耗大、浪费多。需要认清人在建筑中的位置与功能，不能用自动化过度取代人的活动。

在新型城镇化的发展需求下，智能建筑的建设应该走一条健康高效的发展之路，满足我国智能城市建设和节能减排的需要，保证建筑智能化系统的设计、施工、运行质量，建立新的智能建筑技术体系与管理体系，改变智能建筑领域技术与实际工程应用脱节的现状，解决建筑智能化系统不能发挥应有功能的问题。

综上所述，智能建筑与家居的重点建设内容应包括两个方面。

（1）智能建筑（针对公共建筑）

□ 建立贯穿全生命周期的智能化系统建设与管理机制，建立智能建筑产品及数据标准，实现与智能城市系统的无缝链接。

□ 开发与推广应用具有自主知识产权的先进智能建筑系统，建立无须协议转换的标准化智能建筑系统平台。

（2）智能家居（针对住宅建筑）

□ 建立智能家居产品与数据标准，实现产品兼容以及与智能城市系统的无缝链接。

□ 建立智能家居技术导则，引导智能家居产品开发与应用朝着实用、高效的方向健康发展。

八、《中国智能城市医疗卫生发展战略研究》摘要

医疗卫生资源配置体系呈现倒金字塔形配置，在看病难、看病贵以及老龄化人口趋势下，须做重大的变革才能适应民众的需要；另外，全球智能技术的迅速发展，为多方参与的医疗卫生产业链体系的发展带来了重要的契机。

（一）含义与特征

智能城市医疗卫生是以医疗卫生相关信息超级融合为基础的防治模式。智能医疗卫生的特点体现在信息融合、多方协作、预防为主。信息融合是现

有数字医疗基础上的深度发展，不仅是分散在医院各部门、科室的信息能够以患者、医生为中心的实时集成，而且是跨医院、社区、家庭等不同组织单元的融合，也是跨医疗机构、社保和金融等不同利益机构的实时融合，且充分融合生物传感、基因组测序、人体成像等个体生命的深层信息。多方协作强调医疗卫生体系和产业链的完整性，责任与利益涉及多方，医疗卫生产业链长，从药品器械的生产、流通、监管、研究，医护人员的教育、培训、监管、评级，到公共卫生管理、妇幼保健、卫生监督、疾病控制，等等；且由于互联网的发展，个体对疾病防治的参与越来越多。疾病诊治是对已发生问题的治疗，而智能医疗卫生强调预防为主，利用穿戴传感、无创检测、环境监测、群体监测等方法对正在发生的小趋势和信号进行侦测并提前干预，做到防患于未然。因此，智能医疗卫生通过以个人为中心、不同医疗服务的集成以及城市综合服务体系的构建，建设预防性、预测性、个性化、参与性的医疗卫生模式。

（二）国内外比较

各国在医疗卫生相关智能实践上颇具特色。例如：英国、日本发展小城镇，创建健康示范城镇，让居民在所在地安宁详和地生活；荷兰因老龄化导致社会医疗服务提供者少，因此发展自理生活的医疗设施，减少对医护者的需求；新加坡意识到健康问题不在于医院，更在于自身，因此发展预测与健康管理（Prognostic and Health Management，PHM）项目，提供医疗信息开放平台，让民众更多地参与自己的健康管理；加拿大地广人稀，面对有限的经费，通过联网的医疗设施和诊所，用虚拟的方式集中了医疗资源，使得资源的利用更加有效；等等。

我国的无线通信以及手机终端的发展为智能医疗卫生的发展奠定了坚实的基础。我国的无线通信网络已经覆盖城乡，从繁华的城市到偏僻的农村，从海岛到珠穆朗玛峰，到处都有无线网络的覆盖。从终端用户水平上看，目前市面上智能手机普及率较高。此外，综观医疗体系，智能医疗刚性需求无处不在：医院诊疗需要更智能的服务，公共卫生防控需要更智能的响应，社

区健康管理需要更智能的防病，卫生行政部门需要更智能的决策。

信息技术的深度应用仍是实现智能医疗卫生的关键。无论是英国的无线医疗、新加坡的 PHM 计划，还是加拿大的医疗网络，无不依赖统一高效、随时可得的医疗信息资源。随着信息技术的不断发展、我国医药卫生体制改革的持续深入推进，以及居民健康需求的不断增长和变化，可以预判，当前和今后一个时期将是智能医疗卫生城市建设的关键过渡期和创新发展期。为更好地适应医疗卫生改革发展和群众健康保障要求，推动医疗卫生发展方式转变和医疗卫生服务模式创新，智能医疗卫生建设需要从孤立、割裂、封闭阶段走向融合、互通和共享时代。

我国智能医疗卫生是最具特色的发展点。相较于其他国家，我国的智能城市医疗卫生研究和应用恰逢时机，从整个城市发展角度来综合考虑信息技术的应用，需要对城市布局、环境保护、食品供应、预防等从更大范围的视野来考察，这是实现城市民众健康长寿、实施以预防为主的策略的关键。

智能医疗卫生体系的建设需通盘统筹进行创新设计。智能医疗卫生体系的建设与国家全局的医疗卫生服务体系的建设紧密关联，无论是医保体系、医院建设、社区卫生还是服务中心的布局，都应与国家宏观上的政策布局协调一致，因此智能城市的医疗健康服务的建设应从国家战略层面进行调控，而不仅仅限于城市。针对单一城市的个性化智能医疗卫生的建设需要立足现实，进行创新的思考，给出适宜本地的解决方案。

城市医疗卫生的智能化需要强力领导及多方协作。医疗卫生的变革是涉及多学科、多部门的长期的过程。在这一进程中，需要具有领导力和执行力的领导，需要深刻理解现代科技技术的变迁价值的领导，同时要找到各相关机构和团体的共同利益，通力协作，才能实现有效的变革。

尽管基础和形势良好，但是我国在智能医疗卫生的建设过程中，依然存在如下瓶颈。

（1）标准和法规欠缺。国内智能医疗卫生方面的标准和法规还未形成完整体系，如远程医疗、无线医疗的应用安全性以及问责机制、保险报销机制等均少有具体规范的政策。标准和法规的欠缺会使整个远程医疗市场难以规

范化管理，也不利于新技术在医疗行业的应用。再如电子健康记录的明确的法律效力和作为医疗证据的保管规范也尚有欠缺，这使得医疗电子健康记录游离存贮，不利于行业的健康发展。

（2）传感器成本过高。无线医疗和远程医疗需要大量的传感器，但是目前传感器基本都是进口的，尤其是高端传感器。国内需要加快研发低成本的可靠传感器，并形成相应的产业，在医疗卫生应用中占主导地位。

（3）电子病历数据开放难。由于医院间的互相竞争以及医院内外网建设的隔离，大多数医院之间互联互通的信息化医疗系统尚未建立，各医疗机构间的电子病历不通用，患者如果更换医院，各项检查还需重做；目前电子病历作为法律证据，其使用尚缺规范的存贮；要想实现电子病历全面共享、互操作的功能要求，还有很长的一段路要走。

实现城市居民拥有健康长寿的生活，是智能医疗卫生城市建设的最终目标。实现医疗信息资源以居民个人为线索的整合集成，从而能够让个体更主动地掌控个人医疗卫生信息；实现医疗资源的移动化，能让居民随时随地可得医疗资源。这些是实现医疗卫生过程安全高效的重要手段。以信息技术为依托，借助政策的驱动力，将医疗卫生服务目前以大医院为中心分割的治疗服务向持续整合的初级保健和健康保健转化，从将服务视为获取收入的手段向成本控制的手段转化，从对居民个体的服务向为特定的人群提供关怀转化，从对医疗服务者过度依赖到个体主动参与自助医疗健康服务转化，通过健康教育提升居民的健康意识，提升个体的自理健康能力。

（三）战略目标

建立全国范围内开放的医疗卫生数据交换、汇聚和应用分享机制，并与国际接轨；完成全国范围内的统一医疗卫生云服务平台的建设，支撑各级城市的医护接入应用；在全国范围内具备统一的在线医疗支付结算体系。

到 2020 年，人口 50 万以上的城市基本建立开放的医疗卫生数据交换、汇聚和应用分享机制，能够让居民通过各种设备和场景随时可得并更新以个人为中心集成的医疗服务记录；建立城市医护资源互联体系，支撑城市具备资质的医护人员能够在网络上被定位，能与患者及其他医护人员互动，能获取医护评价；建立融合各种医疗保险的在线统一支付体系，能为各层次医疗服务机构应用于日常的医护服务结算；建立完整的医药物流分发配送体系，能在几个小时之内将医药产品分发给所需的城市居民；建立基于科学数据决策的城市统一的疾病防控体系、突发事件应急响应机制、基于网络的急救体系和慢病联合照护体系。

到 2030 年，实现全国范围内二级医院之间的以患者为载体的医疗信息自由传输和集成，并与国际接轨，完成全国范围内的统一医疗卫生云服务平台的建设，借助医疗卫生云服务平台，完成健康教育、政府决策、科学研究等二次数据应用的建设。

（四）战略任务

智能城市医疗卫生发展的战略任务主要有以下四项。

（1）建立城市标准化的电子健康记录。电子健康记录是城市卫生信息化建设的关键和载体。因此，必须把建设标准规范的电子健康记录作为重要内容，放在突出位置加以推进。基本确立架构完整、标准规范的电子健康记录，各医院、社区、诊所、公共医疗机构能以患者为中心进行随时调阅，患者也可自己维护，实现城市范围内以个人健康信息为核心的统一共享标准存贮。

（2）制定和采纳实用先进的医疗卫生信息标准。由于医疗卫生的实践具有局部特征，各地医疗卫生信息系统及器械开发商具有特定的地缘优势，在城市范围内不同的软件供应商对同一产品进行充分竞争，但对于使用软件的医疗机构、患者和政府而言，带来了相互之间数据和应用不兼容、无法集成各个阶段各种来源的医疗数据和系统的弊病。因此，为优化产业结构，充分整合行业的优势资源，形成良好的产业链，发挥行业的复用和容易互联的特点，需要制定面向医疗卫生信息系统开发的信息技术标准，并付诸标准化评测，使得系统之间能够按需正确有效地互联，数据能够以特定的方式进行集成。此外，我国医疗卫生本身置身于国际化的环境中，不仅在国内有面向国外患者的服务，而且我国的患者也会去国外就医，患者在不同国度的信息集成以及医疗记录的便携是世界发展的潮流。因此，有必要建立和采纳与国际接轨的卫生信息标准，这不仅有利于快速分享发达国家几十年来在此领域的研究和实践成果，也有利于医疗信息产业全球化发展的部署。

（3）构建具有智能医疗卫生服务的智能城市云平台和大数据中心。医疗卫生本身涉及众多的领域，同时也是以智能城市为中心的运营服务的一部分，与人口、社保、金融、教育甚至交通有着密不可分的联系。智能城市云平台和大数据中心是城市的信息枢纽和决策中心，医疗卫生是其重要组成部分。医疗卫生的智能化建设在上述第一、二点任务的基础上，还应建立与社保、金融支付融合的体系，借助社保和金融支付过程，完成医疗卫生信息的整合，并将这些信息托管于城市云平台，形成城市大数据中心。这既有利于电子健康记录信息的第三方托管，使得拥有医疗记录的机构自身无法任意更改医疗记录，体现文档的法律效力，同时在特殊情况下授权修订并保存对更改的可追溯需求；也有利于任何机构和个人在授信的条件下进行安全实时访问。

（4）发展移动医疗及医疗传感设备。移动医疗能够提供便捷化、智能化、个性化的医疗服务，这是城市智能个性医疗卫生服务的终端。有了这样的终端，居民可以随时随地得到健康医疗方面的服务；该终端能提供自主服务并具备自动学习、辨识、诊断能力；针对不同的人，该终端有不同的量身定制的服务，根据个人的身体情况和相应的状态提供相应的服务和建议。发展移动医疗，包括健康监测、健康咨询、健康教育、远程诊断、辅助诊疗、移动支付、慢病管理等内容，给城市居民提供全新的医疗健康服务。研制可穿戴的医疗传感设备，包括体外数据采集和特征数据采集传感设备，完成可靠、宜用、廉价的医疗传感用品的研发和规模化生产，并建立可持续的商业模式。

智能城市医疗卫生发展的重点建设内容包括如下两个方面。

（1）与国际健康信息标准接轨的医疗卫生信息标准的制定与实施测评，特别是身份主体唯一标识、医疗消息传输、电子病历存贮与表示以及医学术语、疾病、药物、医疗器械等分类和编码，与国际接轨的标准的研制实施和

应用。这些标准是智能医疗赖以实现的基础，是不同数据集成、不同主体信息系统间通信的基础。

（2）城市医疗卫生云服务平台的构建。构建满足诊所、社区医院、健康服务站等小规模医疗单元信息化需求的云服务平台。通过构建统一服务平台，完成不同医疗主体机构间的信息共享访问，同时节约各小型医疗机构的信息化投入。

（五）政策建议

（1）国际医疗卫生信息标准本地化。建立数字卫生标准情报研究中心；制定有利于数据共享交换的政策，培育标准产生的土壤；加大政产学研联合投入，制定切合实际的标准；开展标准宣贯，建立标准培训及应用体系；实施医疗信息标准交叉学科人才培养。

（2）建立卫生、工信、金融、社保等部门之间统一协调的卫生信息协调专项办公室。在组织上保证足够的重视，构成专项办公室的成员一定是对信息技术与医疗卫生两个领域具有充分的理解并能协调各部门的专职人才。有政府的高度重视和强有力支持，智能城市医疗卫生的建设才能得以顺利开展。

（3）加强信息基础设施建设。支持企业研发医疗传感和无创检验技术，进一步发展无线通信，提高无线通信的覆盖率，提升无线互联网速度，实现无线网普及。稳定的网络能保障医务人员及患者通过手持移动设备随时随地进行及获得医疗服务。

（4）成立开源医疗卫生软件基金。支持开源医疗软件的研发与应用，建立开源医疗卫生软件代码库。医疗卫生的地方性特征，使得各地许多软件开发商凭借一定的地缘关系介入医疗卫生软件系统的开发。且由于医疗软件面向的业务比较多，涉及的关键技术比较少，因此全国范围内不同的软件供应商重复开发现象明显。由于医疗行业软件竞争激烈，各家利润趋薄，因此系统的维护难以为继。为优化产业结构，重组软件行业的优势资源，形成良好的产业链，发挥软件行业的复用特点；提升标准化的能力，需要支持开源医疗卫生软件系统的研发，为后来者提供较低的进入成本，同时提高软件系统的可持续改进能力，减少重复投资。

（5）加快配套法规的制定。完善医疗卫生信息的法制建设，妥善处理医疗卫生信息化进程中涉及法律法规的相关问题，处理好信息安全和隐私保护问题，建立和完善卫生领域的电子证据与取证的法律法规，创造医疗卫生信息化发展的良好法制环境。完善机制建设，鼓励医疗卫生信息标准的制定，保障医疗卫生信息标准规划、开发、推进和运行管理的持续性发展，支持统一规范的卫生信息化标准体系的颁布、实施和推广工作，积极资助参与国际相关卫生信息标准的制定工作。建立起满足实际需求的医疗卫生系列信息标准，消除医疗卫生行业各系统各区域之间的"信息孤岛"，广泛指导和统一协调医疗卫生领域信息化及相关行业的发展。

九、《中国智能城市安全发展战略研究》摘要

（一）城市安全的内涵

随着人们对城市安全度的要求日益提升，城市安全的重要性日趋突出。城市安全涉及的因素多、面积广，是一个错综复杂的综合性工程。如何高效、科学地保障城市中人们生活得安全和美好，已经成为当前学术界、工程界、管理界和政府所普遍关注的话题。

那么，什么是城市安全？城市安全的实质就是城市生活、运行发展和功能作用的一种无风险状态。随着智能城市的发展，城市的管理趋向于智能化、协同化、统筹化，城市安全的概念也随之向智能化、协同化、统筹化转变。

综合城市发展的各个阶段，城市安全的内涵一直在不断地丰富。智能城市下的城市安全，涉及历史上所有阶段的城市安全问题，同时又引入了一系列由智能化带来的其他问题，如机械失控、信息紊乱、系统崩溃等。尽管城市安全的概念随着历史的进化而不断丰富，作为城市的主体"人"的安全一直是第一位的。不管是数字化还是智能化，其行为核心，都是作为城市主体的"人"。其他一切因素，均可以归纳为"人"的承载物。所以我们可以认为，城市安全所追求的最终目标是：作为社会主体的"人"和作为社会主体的承

载的"物"的安全。

当代城市面临的安全问题主要为四类，即犯罪治安类、自然灾害类、技术灾害类、恐怖袭击类。其中犯罪治安类与自然灾害类是传统常规安全问题，而技术灾害和恐怖袭击类是新型城市安全问题。在全球化、城镇化急速推进的背景下，常规安全问题与新型安全问题均呈现新的态势和动向。

（二）国内外研究与发展现状

1. 国内外研究现状

在西方国家，由于存在较为严重的社会问题，欧美等国在城市安全理论方面的研究，重点集中在人身安全防卫设计方面，因此安全城市的内涵也偏向于防卫。

"安全城市计划"在英国开始于 1988 年，最初的目标是减少犯罪，减轻人们对犯罪的恐惧感，创造一个经济和社区生活都很繁荣的安全城市。此后，安全城市活动的影响扩展到世界各地。20 世纪 80 年代美国已经形成了一整套系统的概念和理论，这些概念和理论多数出于美国的公共安全研究界，并为其他西方国家所采用。在亚洲，由于特殊的地理条件，日本城市经常受到自然灾害的威胁，因此在开展城市安全的研究方面起步较早，重点放在减灾。

20 世纪末至 21 世纪初，城市安全越来越受到密切关注。1996 年，联合国"国际减灾十年"活动确定的"国际减灾日"的主题是"城市化与灾害"。1998 年 10 月 5 日的"世界人居日"，联合国将其主题确定为"更安全的城市"。2001 年美国的"9·11 恐怖袭击事件"后，城市安全研究的内涵更从关注平时的灾害、战争空袭和治安性犯罪，扩展到应对恐怖袭击。各国在寻求提高城市安全、确保市民生命安全与社会稳定的道路上不断迈进。

2. 国内外发展现状

随着电子计算机和互联网应用日益广泛，信息化技术迅猛发展，网格化、物联网、云计算、信息共享与通信逐渐热门，这些高科技手段成为纽约城市安全的重要支撑。早在 1994 年，纽约市警察局创建了一种新的警务模式，俗称"CompStat"。这是纽约市警察局创设开发的一种利用计算机技术即时统计各种犯罪数据、绘制电子犯罪地图、分析犯罪模式和动向、指导优化警务资源配置和明确警察责任的警务模式。2010 年 5 月，纽约市警察局与 IBM 合作，利用 IBM 在收集、共享和处理信息方面的能力，有效利用数据资源来推进破案进程。IBM 及其商业伙伴 Cognos 共同创建了一个实时犯罪信息库，使纽约市警察局更积极、有效地打击犯罪。

纽约市消防局建立的"网络指挥"系统是数据库与通信技术成熟应用的另一典范。纽约市消防局基于信息共享所建立的由声音、图像、数据构成的"网络指挥"设计，是对传统方式的突破，可以认为是一种应急指挥的新范式。

瑞典最大的交通公司 SL 公司投资 2 500 万英镑用于公共交通安全系统建设，安装网络摄像机总数超过 15 000 台。摄像机、警报器和警示系统都会连接到中央安全站。城市安全系统还离不开信息与通信技术（information and communication technology，ICT）的支持，以西斯塔科学园为中心的东部地区形成了斯德哥尔摩的 ICT 集群。自 20 世纪 90 年代以来，西斯塔发展成为以无线通信为主导的全球信息通信产业集群区，许多全球知名跨国公司如爱立信、诺基亚、IBM、Sun、甲骨文、英特尔、康柏、摩托罗拉、微软等，先后在科技城设立了研发中心或生产基地。

北京市着眼于物联网产业发展，着手于城市安全运行和应急管理领域的应用，将物联网技术应用到本市应急指挥技术支撑系统，加强系统的实时感知、信息共享和智能分析，有效提高了城市安全运行动态监控、智能研判以及突发事件现场感知和快速反应能力。

3. 重要启示

（1）建立全周期城市安全的管理体系，加强相关制度创新，建立健全城市安全管理的法律，做到城市安全管理的制度化、法制化。

（2）加大公共信息网络建设，建立统一的灾害数据库以及应急信息管理平台。

（3）建立以地方为主的安全管理体系，并通过大系统、大项目牵引和推动城市安全的建设。

（三）我国城市安全的建设需求分析

1. 我国城市安全特征分析

首先，我国城市人口的高度集中，使得城市人均资源占有呈现极端稀缺的状况。第二，城市结构呈现链式特征，节点唯一且脆弱。第三，城市系统对自然或人为的干扰和变化比较敏感，缺失动态重组能力和自我恢复能力。第四，我国发展过程中出现了社会资本失衡与社会关系失调。

2. 我国城市安全的建设需求分析

城市安全体系建设包含三大核心要素，分别为管理体系的完善、创新体系的构建和产业体系的布局。目前我国管理体系建设较为完善，但安全创新体系与产业体系还很薄弱。一是缺乏以"国家级科技创新平台"为核心的创新体系。虽然国家提出要大力发展国家安全和公共安全科学技术，但是这些技术的系统性突破还需科技创新体系的支撑，而这一科技创新体系目前还未形成。二是缺乏以"产业集聚"为特征的产业体系。目前，我国从事城市安全产业的企业数量多、规模小、缺少领军企业，创新能力明显不足，多以简单模仿、抄袭和贴牌为主。

（四）我国城市安全建设与推进的总体战略

1. 总体目标

在总体国家安全观框架内，积极应对城市传统安全和非传统安全、实体空间安全和虚拟空间安全，信息驱动，面向服务，建设科学预警、有效防控与高效应对的城市安全能力体系，为实现更加美好的城市和更加幸福的生活提供支撑。

具体目标主要包括六大方面：

（1）具有强大综合防控的"安全网格"；

（2）具有强大灾害适应与恢复的"有机结构"；

（3）具有峰值能力的城市"应急体系"；

（4）以环境保护为重点的城市"生态格局"；

（5）以高生活质量为目标的健康城市；

（6）具备智能防范功能的"信息安全"。

2. 总体战略

完善治理体系，创新治理能力。既要关注传统安全，更要关注非传统安全；既要关注局部安全，更要关注整体安全；既要关注实体空间安全，更要关注虚拟空间安全。实施信息驱动，面向服务的战略，走出一条科技产业衔接、建设服务一体、体系能力并重的新路子。

在完善治理体系上，搭建全要素的城市安全建设体系，实现从科技到产业再到管理的全面提升；构建全过程的城市安全管理体系，实现评价—规划—建设—运营综合一体化；构建高效灵活的创新体系，实现人才—平台—机制互动；构建个人、社区、城市完整的服务体系。

在创新治理能力上，信息主导、资源共享、信息驱动，面向服务，实现从系统集成向能力集成转变，从 Made-in 向 Made-for 转变，从提供数据向提供信息转变，从政府建设向购买服务转变。

3. 建设任务

（1）确立城市安全发展的核心理念。坚持以人为本的城市安全发展观，一是正视人民群众对安全的需要，把人民群众的权利摆在首要位置；二是意识到人类群体的破坏力随着城市的发展而增强，要具备超前的安全意识，实行高标准的城市安全防护等级。

（2）构建全周期城市安全管理体系。建立从评价，到规划，到建设，再到运营的全周期城市安全管理体系。在城市安全评价方面，聚焦重点区域安全评估和重要基础设施评估、重大活动安全评估。成立国家级城市系统安全运行的综合评估机构，设立城市安全运营监控指标体系。规划工作的重点包括监测监控规划、预警预报规划、应急决策规划、应急处置规划和应急管理规划。在能力建设方面，主要是构建常态的弹性管理能力和应急情景的峰值能力。在城市安全运营服务方面，主要是打造几个综合的城市安全系统运营商。

（3）打造前瞻的城市安全科技创新体系。构建城市安全的科技创新体系，一是建设综合监测预警网，实现常态下的全面监控，通过全面、多种、多维的传感器组网、融合、互联互通，实现数据获取"空间无缝、时间连续、要素齐全"；二是构建国家公共安全应急通信网，提高灾害应对的峰值能力，这是一个多业务融合、模式多样、快速响应与联动的全国统一的、异构的、专用的、稳健的网络，整个体系包含一张通信专网、一个大数据处理中心和一个应急响应网络中心。三是打造融合信息应急发布平台，加强灾害应对个体有限理性，做到多源信息融合、多频信息发布、政府一键切换。

（4）构建"信息驱动，面向实用"的服务体系。一是从 Made-in 向 Made-for 转变，即在产品开发上从以制造产品为核心向以客户需求为导向转变。二是从提供数据向提供信息转变。未来的数据采集、传输和存储系统不再是简单地把数据原封不动地呈现给终端用户，而是会智能化地在数据流程的各个环节将数据转化为有效组织的信息输出。三是从部门专网向安全信息栅格转变，即各职能部门网络在发挥现有作用的基础上，通过横向联动、纵向整合、互联互通，形成一张信息自由流动、资源彼此共享、功能互为增强的城市安全信息栅格网络。四是从工程建设向运营转变，即从城市安全物联网系统的建设延伸到系统的维护、管理和服务的整个运营过程。

（五）城市安全建设与推进建议

1. 把城市安全摆在城市发展的战略位置

成立国家级城市系统安全运行的评估机构，设立城市安全运营监控指标体系。同时，坚持以人为本的城市安全发展观。一是正视人民群众对安全的需要，在城市发展过程中始终把人民群众的利益摆在首要位置；二是具备超前的安全意识，实行高标准的城市安全防护等级，以科学发展观统筹协调安全和发展的关系。

2. 创新社会管理，由后果处置向以风险防控为中心转变

通过构建全面管理的战略模式，确保协调高效，实现综合集成和管理效益的最大化。实现责任机制"法制化"、风险评估"制度化"、风险监控"常态化"、管理机构"整合化"和应急动员"一体化"。

3. 布局前瞻的城市安全科技创新体系

建议在国家层面设立国家公共安全应急网络重大专项，加大投入，重点突破，形成从技术研发、系统集成、标准协议到建设工程的自主创新能力，为城市安全提供坚强保障。

4. 大力加强城市安全产业发展

城市安全发展需要产业推动，当前缺少以"产业聚集"为特征的公共安全产业体系，建议在有比较优势的区域建设"国家城市安全示范区"，引领产业发展。

同时，城市安全需要运营服务支撑，建议推进"安全城市"的试点工作，培育专业的城市安全运营服务商，探索"安全城市"和"平安城市"的运营服务模式。

十、《中国智能城市环境发展战略研究》摘要

（一）智能城市环境发展的内涵

智能城市环境发展是将高新信息化技术用于环境信息的采集、处理和应用。通过采用射频识别、无线传输、物联网等技术，形成泛在的环境信息传输网络，提高环境信息的全面性和时效性；通过信息中心、云计算平台等，对环境信息进行快速甄别、处理、评估、决策、反馈，实现以环境质量改善和环境风险防控为目标的环境综合智能管理。智能化城市环境发展的内涵可以归纳为三个方面。

（1）加强海量复杂环境信息的获取能力。通过建设泛在的环境信息识别监测的"神经元"网络和物联网，提升环境信息的获取和传输能力，为智能

城市环境管理提供数据支持。

（2）提升多源多维环境信息的集成整合能力。通过分布式数据库，对多源多维环境信息进行集成。建立智能城市环境监测与信息服务数据交换共享中心，提高多维、多源、多尺度的海量环境信息的集成整合能力。

（3）建设多功能的综合性环境信息处理应用平台。环境信息的评价、模拟、运算等处理是智能环境决策的核心。针对环境信息复杂、海量等特点，建立内嵌多种环境模型的云计算平台，为智能城市环境管理提供全方位、多功能的综合解决方案。

（二）我国环境信息化的成绩与主要问题

我国环境管理信息化建设起步于 20 世纪 80 年代，起步较晚。国家对环保工作的重视，加大了环境信息化建设力度，由此广泛开展信息系统及基础能力建设。

（1）环境信息化能力建设快速发展。建成了由环保部信息中心、32 个省级信息中心及 100 多个城市环境信息中心组成的多级环保信息化机构，在各级业务部门广泛开展了环境信息化基础软硬件设施、环保业务数据库以及信息化系统等建设工作，建成了国家及省级两级环保专网、各级环保系统内网及互联网。

（2）环境监控感知网络初步建成。中国环境监测总站及其下属各省市站点经过逾 30 年的工作，已经初步建成了我国环境监控感知网络，实现对大气、水、生态等环境要素以及重点污染源的监控。建成了 356 个省市两级污染源监控中心，利用物联网对 15 000 多家重点污染源实施了自动在线监控；在 113 个城市建立了完善的城市环境空气自动监控系统；建立了国家地表水环境质量监测网、地级以上城市集中式饮用水源地水质监测网、全国地表水环境质量自动监测网等。

（3）业务系统建设初具规模。各级环保业务部门广泛开展了环保业务数据库以及信息系统建设，环境质量监测、污染源监控、环境应急管理、排污收费、污染投诉、建设项目审批、核与辐射管理等一批业务系统建设形成规模，为实现我国环境信息化、科学化管理提供了有力的支撑与服务。

但是，在环境信息化过程中，因缺乏统筹规划和顶层设计，发展中也遇到了不少问题，主要有以下三点。

（1）缺乏统筹规划，标准体系建设滞后。我国环境信息化建设缺乏国家级整体统筹规划指导，业务部门各自为政，存在重复投资、盲目建设。且一些信息系统只注重前期投入而缺乏持续运行维护，造成系统荒废。另一方面，我国环境信息化标准体系建设滞后，环境信息化工作缺乏指导和规范，无法应对当前信息化技术飞速发展的局面。特别是在面临环保大数据挑战的局面下，缺乏环境信息安全及应用的核心技术、标准及管理机制。

（2）数据可靠性差，共享程度低。公众对准确透明、及时公开的环境信息有强烈需求，然而环境数据在监测、采集、处理过程中缺乏标准化监管流程，数据质量受到多种因素干扰，使得数据可靠性差、数据质量不稳定。多个部门多个出口造成"一数多源"问题，如环境统计数据、污染普查数据、污染源监测几套数据出自多个部门，数据间存在不一致问题，在实际应用中易造成数据混乱。环境数据作为一种重要的战略信息资源，其内容涉及资源环境、社会、经济等各领域，涵盖环保、水利、气象、国土、林业、农业等众多部门，由于多级业务体系设置以及部门间的信息资源垄断、封闭，形成"纵向信息烟囱、横向信息孤岛"的局面，数据共享困难，环境数据资源未被充分开发和有效利用。

（3）资源分散，信息化应用水平低。由于缺乏规划，各部门已建成的业务系统独立分散，系统间通用性差、联动能力弱。且目前大部分业务系统主要实现数据管理、查询、统计等基本功能，缺乏环保大数据模拟应用、空间可视化分析、数据挖掘以及智能决策等环境信息深度服务能力。

（三）大数据在城市环境管理中的应用

在环保领域，大数据将在物联网监控数据、资源共享服务、智能环境管理及决策服务等方面发挥作用。

1. 大数据在环保物联网中的应用

随着我国环境监测体系的日益完善，自动在线监控系统在污染源、水环境、大气、酸雨、沙尘暴监测等领域广泛应用，卫星遥感在流域水质与水生态、空气质量、秸秆焚烧以及区域生态变化监测等方面的应用，每天都在产生大量的环境监测数据。随着环保物联网技术的普及，通过全球定位系统、卫星遥感、视频监控、红外探测、RFID、无线网络等装置与技术，组建成无处不在、无时不在的全方位、全天候监控网络，各种环境感知设备产生的数据也将极速增长，传统的数据存储、分析、处理技术已经无法应对如此巨量、繁杂的数据。大数据技术应运而生。大数据以大型控制中心和各类移动终端等形式，基于云存储、超大规模分布式计算、数据交叉挖掘及分析等技术，实现在线访问、按需获取、实时处理和模型分析，准确及时地获取有效的环境质量信息，为政府环保部门实施总量控制、污染物排放监管、环境执法等提供数据基础，为企业提供生产优化和节能减排分析，达到促进减排和环境风险防范的目的。

2. 大数据在环境数据资源整合及共享服务中的应用

各部门进行资源共享与业务协同联合应对环境问题，将是我国环境管理的必然方向。基于大数据技术的环境信息共享与服务将是实现复杂、多样、巨量环境要素管理的前提和技术保障。大数据技术结合云计算数据中心，将分散在不同监测系统、信息系统、共享平台中的各类环境数据资源集成起来，建立分布式存储、虚拟化集中管理和调度的大数据管理平台，提供统一的入口及一站式的检索界面，实现环境数据的跨区域、跨部门、跨平台管理。在此基础上，对环境信息资源进行整合，构建不同种类的环境信息集成利用模式，通过在不同数据集、不同服务器、不同数据节点中交叉、挖掘提取信息，为不同用户提供数据，满足各种环境管理及信息共享需求。

3. 大数据在智能环境管理与决策服务中的应用

大数据的使用，最终是以应用和服务为方向，在智能环保中构建基于大数据的智能决策与服务系统，为环境管理提供环境质量监测、污染源监控、环境风险评估与预警、应急调度、监督执法以及管理决策等支持服务，实现环保业务的全程智能化管理。大数据作为一种资源和一种工具，依托物联网、分布式存储、云计算、数据挖掘等技术，从巨量、异构、多维、分布式环境数据中挖掘出高价值、多样化的信息产品，实现环境信息的智能化、快速化获取、处理、决策及反馈，使环境管理具备更智能的决策力和洞察力，促进环境管理智能化水平的提升。

（四）战略目标与主要任务

1. 战略目标

以解决我国城镇化进程中突出环境问题为出发点，依托城市的高度信息化，建立城市环境信息的感知、融合、处理、决策与服务的泛在、实时的环境服务体系。以环境信息的智能感知、智能处理、智能应用为建设重点，构建城市环境的智能管理体系，促进城市环境保护由污染源控制向环境质量控制转变，由目标总量控制向容量总量控制转变，由被动应急管理向主动风险管理转变，达到城市环境与经济、社会和谐发展的目标。

根据现有智能城市的发展情况和国民经济社会发展规划，智能城市环境发展的战略目标如下。

（1）到2020年，全部地级以上城市建成重点污染源监控系统，80%地级以上城市和50%县级城市建成环境质量在线监控系统，建成3～5个重点城市群的生态、大气、水体等污染物的遥感监测系统，形成环境监测要素齐全，集天、地、空全方位监测手段的环境监测网络；环境信息化高度融入城市环境管理，基本建成集环境风险预警预报、应急反馈、优化调控、辅助决策等于一体的智能环境的信息化系统。

（2）到2030年，全部地级以上城市和80%县级城市建成重点污染源和环境质量在线监控系统，建成10～15个重点城市群的生态、大气、水体等污染物的遥感监测系统；加强城市级数据共享平台建设，构建100个涵盖环保、水利、国土、气象、农业等部门的大数据集成处理中心，形成国际领先的智能环境应用系统。

2．主要任务

构建全天候、全方位、立体的城市环境感知物理空间，建设重点污染源监控信息系统、信息化地面环境监测站网络、高分辨高光谱环境遥感监测网络等信息感知基础设施。推进物联网、激光通信、全球信息栅格、云存储、云计算、虚拟现实等高新信息技术应用，开展环境信息共享平台和大数据中心建设，引导形成国家环境信息管理与环境决策优化的赛博空间。充分发挥城市环境信息的服务功能，建设集成城市环境预警预报、应急反馈、优化调控、辅助决策等功能的信息化系统。加强环境信息的共享公开，提高环境信息的公开性、客观性、全面性，引导全社会参与。提升环境信息对城市环境管理的支撑能力，推动以环境质量改善、环境风险控制为目标导向的环境管理模式的发展，从而支撑生态文明城市的创建。

（五）重大工程

1．智能城市生态环境保护信息化工程

《"十二五"国家政务信息化工程建设规划》明确将生态环境保护信息化工程列入 15 项国家重要信息系统工程中。该工程由环境保护部牵头，涉及国家发改委、国家林业局、农业部、国土资源部、国家统计局、工信部、国家海洋局、水利部、质监总局、国家气象局、国家能源局等 11 个部委。建设目标是逐步实现污染源、污染物、生态环境质量等方面的信息共享，不断提高对重点流域、区域的环境治理水平，有效增强对环境生态和生物多样性保护的监测、评估、服务能力，有效遏制工业污染，促进环境友好型社会建设。具体的建设内容为：针对危害群众生命健康的突出环境问题，按照从源头上扭转生态环境恶化趋势的要求，充分利用物联网、遥感等先进技术，进一步完善土壤、森林、湿地、荒漠、海洋、地表水、地下水、大气等方面的生态环境保护信息系统。运用新一代信息网络技术，动态汇集工业企业污染监测信息，加强工业污染和温室气体排放的评估和监测能力建设。

在我国智能城市建设与推进过程中，将生态环境保护信息化工程作为重大工程，形成一个国家层面的生态环境保护信息化工程，环保和其他部委共同协作、共享共建，打破壁垒，实现互通互联。各级政府信息化应用大多数还只是停留在信息发布、办公系统、便民中心等层面，实现跨部门信息共享、业务协同的难度极大。信息共享、业务协同难，从表面上看是技术问题，实为管理问题，更是体制机制深层次的问题。借助"生态环境保护信息化工程"，整合环保系统内的信息化建设，无疑是非常好的契机。借此改变部门独自建设、封闭建设、自成体系的局面，而变为跨部门共同建设。借助生态环境保护信息化工程，强化部门协作，推进联合办公、协同业务，推动污染源精细化管理，逐步形成"一体化"的政府部门合力，显著提高部门的行政效能。

2. 国家级智能环境感知物理空间和管理赛博空间

智能环保的核心是高质量的环境大数据，环境信息的泛在感知是实现环保智能化的基础，重点要解决我国目前环境感知网络基础设施建设存在的独立分散、盲目重复、通用联动性差等问题。首先，需要加强统筹规划和顶层设计，科学部署发展进度，统一建设智能感知基础设施，形成设备兼容、信息通畅、资源共享的推进模式。同时，智能感知基础设施建设需要结合城市自身特点和发展战略，重点解决城市突出的环境问题，体现城市特色，避免"千城一面"。其次，构建天地空一体化的环境信息实时感知系统，建设重点污染源监控信息系统、地面环境质量监测网络、遥感监测网络等基础设施。充分利用 RFID、二维码、GPS、GIS、传感器等信息化技术，随时随地感知、测量和传递环境信息。

智能环保需要重点突破环境信息低端服务应用的现状，必须依托新一代计算机技术和虚拟空间技术，搭建利用环保大数据进行环保策略赛博优化的虚拟数字空间，破解城市环保的瓶颈问题。首先，汇集多维多源信息资源，联结环保、水利、气象、国土、林业、农业等部门，引导信息管理从"孤岛式"向"无边界式"转变。其次，建设环境大数据处理中心，综合应用云存储和云计算、分布式数据库、仿真模拟等技术对环保大数据进行集成管理与

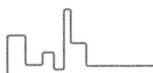

综合处理。再次，建设环境信息综合决策服务平台，实现环境质量预警预报、应急反馈、优化调控、辅助决策、共享公开等功能，实现城市环境质量智能化管理。

十一、《中国智能商务与金融发展战略研究》摘要

基于互联网的商务与金融活动具有不同于传统经济活动的本质特征。

（一）智能商务与金融的产生背景与内涵

1. 智能商务与金融的产生背景

智能商务与金融的产生主要是为了满足以下五个方面的需要。

（1）服务于"四化同步"的需要。智能的商务与金融活动是实现"四化"的重要支撑与平台。在信息化、网络化、移动化技术的支持下，在"四化同步"建设的进程中，智能商务与金融建设是理想的催化剂和纽带，可以在有效推动信息化建设的同时，大力促进工业化、城镇化和农业现代化的发展和深化。

（2）大幅提升商务与金融领域信息化水平的需要。商务与金融产业的信息化内在需求十分迫切。商务与金融业的深入信息化是国民经济和社会信息化的核心，其信息的产业化和产业的信息化直接关系到信息化的发展和质量。

（3）适应网络经济快速发展的需要。网络经济并不是一种独立于传统经济之外、与传统经济完全对立的纯粹的"虚拟"经济。它实际上是一种在传统经济基础上产生的、经过以计算机为核心的现代信息技术提升的高级经济发展形态。

（4）完善实体城市功能和促进虚拟城市发展的需要。目前我国的城镇化已经面临人口、资源、环境、社会等各方面的巨大压力。随着现代信息技术特别是互联网等技术的发展，现代网络已形成了人类聚集的第二个空间，该虚拟空间与地球表面的实体空间相平行，其体积也在急剧增长。虚拟空间将越来越多地承担城市的功能。

（5）适应商业模式变革的需要。现代商业模式具有知识密集型、技术密集型、资本微量型、资产轻薄型等特点。新兴信息技术正在推动商业模式的变革。目前，社会结构和消费观念正在变革，消费结构升级加快，年轻一代逐步成为新的消费群体，消费者需求更加多样化、个性化，呈现出信息渠道多样化（包括门户、社交网络、手机、电视、传统媒体等）、购物渠道多样化（实体店、电视购物、邮购、电子商务、移动商务等）、交付模式多样化（店内物流、小件物流、集团物流等）、支付方式多样化（现金、信用卡、移动支付、第三方支付等）的景象（见图 A6）。同时，消费者不仅满足于多样化的服务，在渠道丰富的同时，消费者更注重统一渠道的消费体验及服务，希望提供一站式服务，得到快速、便捷、智能的商务与金融服务。

信息渠道	门户、社交网络、手机、电视、传统媒体等
购物渠道	实体店、电视购物、邮购、电子商务、移动商务等
交付模式	店内物流、小件物流、集团物流等
支付方式	现金、信用卡、移动支付、第三方支付等

图 A6　消费者可用的多样化服务

2. 智能商务与金融的内涵

商务智能与金融的现有理论研究及应用还处于起步阶段，其内涵、产业范围、运行方式、业务模式等关键问题尚无清晰的界定。

IBM 认为，随着互联网、云计算、社交媒体、移动商务等新科技的发展，商务环境已发生显著变化，企业必须通过新的商务智能等技术，创造新的商务模式，让商务活动以更加智能的方式进行。

目前对"商务智能"的定义尚未达成共识，大致可以分为学术界和企业界两类定义。本课题组认为，智能商务（Smarter Business）是对全部商务活动的智能化改造过程，即综合运用各种现代信息技术和管理方法，对组织及个人的各项商务活动的决策与管理、交易的达成与实现等进行持续智能化改

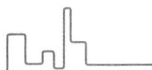

造和优化的过程。简而言之，是指生产与服务全部商务活动的数字化—信息化—智能化不断演进过程。

智能商务不仅包含电子商务，还涵盖商务运营的全部活动过程，从采购、库存、销售、仓储物流，到结算、融资、金融市场等业务环节的决策、管理控制及交易和服务的实现，都可实现智能化。智能商务建设主要集中在电子商务（含跨境电子商务）、供应链管理（如智能物流）、商业服务、行业监管、电子政务（商务部门）等领域。智能商务建设的关键在于管理理念、运营模式及盈利模式的创新。智能商务将是一个不断演进的过程，只有起点，没有终点。

基于智能城市建设的视角，我们认为，"智能金融"是智能城市建设的重要组成部分，是金融信息化的高级发展阶段。在这个发展阶段，现代信息技术与金融行业的组织结构、业务流程、产品开发、客户服务、客户体验以及风险管理等领域的高度融合，是一种以最大限度满足客户需求为核心境界的金融体系运行理念，是一种以"海量信息—知识汇集—科学决策"为核心内容的金融体系运行机制，是一种以更加稳定高效为核心目标的金融体系运行形态。具体表现在以下五个方面：

（1）通过动态的 IT 基础架构，及时响应客户金融业务的需求；

（2）通过对海量数据、高频数据、大数据的智能分析与优化，提升金融机构、投资者的金融交易决策支持能力；

（3）通过灵活感知客户行为模式的变化，为客户提供个性化、便捷化的金融产品与服务；

（4）通过金融系统间及与其他平台的互联，借助自助柜台、移动平台、网络、手机银行等电子支持，发展安全、便利、快捷的金融支付系统；

（5）通过各种工具的应用，加强金融机构的内部风险管理，规避金融风险。

3. 智能商务与金融的建设

智能商务的应用及建设架构如图 A7 所示。

智能金融的核心不仅是及时、准确、完整地获取信息和快速、高效、广泛地分享信息，更重要的是通过科技创新，实现实时处理和智能分析，从海量的

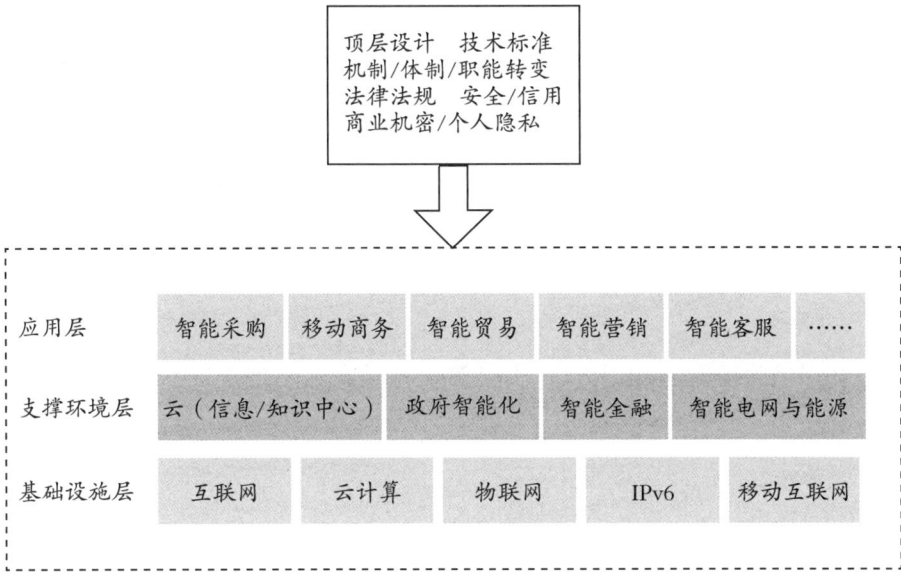

图 A7 智能商务的应用及建设架构

银行、证券、保险等金融数据中挖掘出需要的有效信息，并从中发现有价值的金融知识，支持并做出合理高效的金融决策，实现金融的智能化。在与新技术完美融合的基础上，智能金融脱离了传统金融活动对物质流与资金流的严格匹配要求，在管理理念、运营模式等方面都存在与传统金融活动较大的区别，如表 A1 所示。

表 A1 传统金融与智能金融的区别

序号	比较内容	传统金融	智能金融
1	经营理念	以产品为中心	以客户为中心
2	信息处理	困难/成本很高	容易/成本低
3	风险评估	信息不对称	数据丰富、完整、信息对称
4	资金供求	通过中介、期限和数量的匹配	完全可以自己解决
5	支付	通过银行支付	超级集中支付系统和个体移动支付的统一
6	供求方	间接交易	直接交易
7	成本	交易成本极高	交易成本较少

总体来看，智能商务与金融同传统的商务与金融存在较大的差别（见图 A8）。智能商务与金融的建设主体既包括作为职能部门和公共服务部门的政府，也包括提供软件、硬件、网络通信、银行等服务的生产企业和服务企业，还包括作为消费主体和需求主体的企业、家庭和个人。实现智能商务与金融，需要运用的信息技术不仅包括数据仓库、数据集市技术、数据挖掘技术，也包括联机事务处理（online transaction processing，OLTP）、联机分析处理（online analytical processing，OLAP），还包括虚拟化、数据可视化、大数据、计算机网络与 WEB 技术、云计算、物联网等，并需要运用统计、预测等运筹学方法，客户管理、供应链管理、企业资源计划等管理理论和方法，以及企业建模理论和方法等。

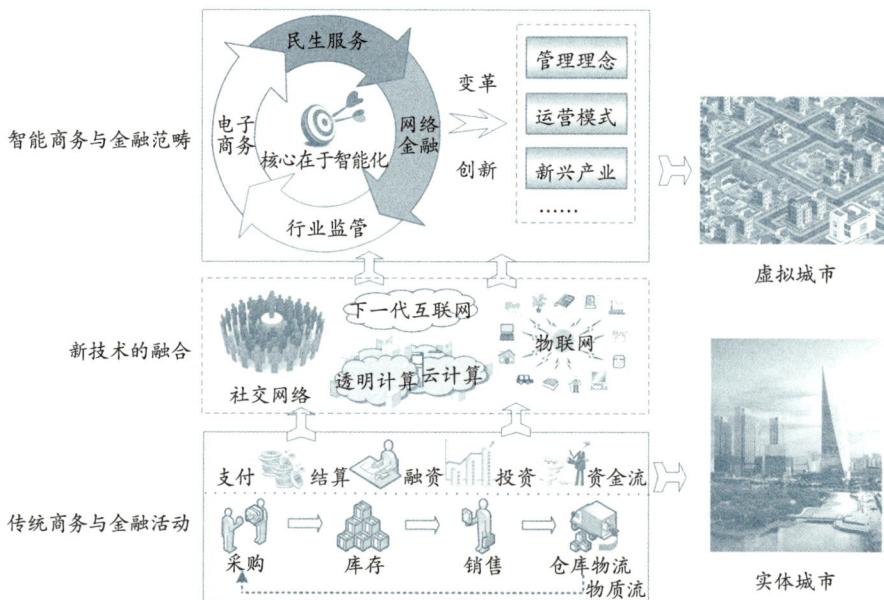

图 A8　智能商务与金融同传统商务与金融的区别

智能商务与金融的具体建设内容如图 A9 所示。

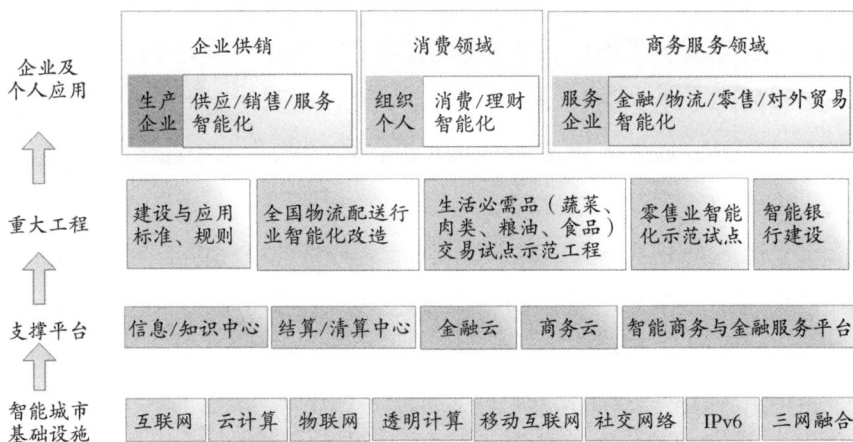

| | 企业供销 | | 消费领域 | | 商务服务领域 | |

图 A9　智能商务与金融的建设内容

（二）智能商务与金融的发展状况与愿景

1. 国外智能商务与金融的应用发展状况

随着商务与金融的发展，智能化是未来趋势之一。目前全球已启动或在建的智慧城市项目约 1 000 个，商务与金融的智能化建设是其中重要的组成部分。

欧洲的智慧城市建设更多地关注信息通信技术在城市生态环境、交通、医疗、智能建筑等民生领域的作用，希望借助知识共享和低碳战略来实现减排目标，推动城市低碳、绿色、可持续发展，建设绿色智慧城市。

英国伦敦市政府先后提出了电子伦敦（e-London）和伦敦连接（London Connects）战略。两项战略都是从政府如何更好地提供公共服务的角度，阐释智能商务在更好地传递服务、降低成本方面的重要作用。

1997 年 4 月，欧盟出台了《欧洲电子商务动议》，并于 1999 年 2 月提出制定旨在协调全球通信特别是电子商务的国际宪章，自此，欧洲电子商务的发展非常迅速。但欧盟各成员国的电子商务水平不同，电子商务市场 70% 的营业额集中在三个关键的市场：英国、德国和法国。据欧盟通信委员会统计，目前电子商务对欧洲经济的贡献率不到 3%，占零售额的 3% ~ 4%。为达到欧盟提出的 2015 年电子商务总量翻番的目标，通信委员会提出了迅速实现欧洲知识产权战略，进一步开发银行卡支付、网络或移动电话支付市场，就包裹递送尤其是国际递送业务当中出现的问题向公众咨询可能的解决方案，加强对在线交易者的培训，了解数字单一市场中他们的义务与机遇等行动方案。

电子商务起源于美国，高度发达的市场经济体系提供了良好的经济、技术和社会条件，因此，美国的电子商务发展一直保持全球领先的地位。美国电子商务的发展主要集中在两个领域：B2C 和 B2B。事实表明，网络和电子商务的应用已经产生了不可估量的经济和社会效益。

美国电子商务的高速发展，很大程度上得益于政府的大力支持。电子商务一经出现，美国联邦、州两级政府都以极大的热情关注电子商务的发展，并且制定了大量与之相关的法规和政策来促进电子商务的发展。另外，美国政府创建的横跨全国的免费超级 Wi-Fi 网络，为电子商务的发展提供了良好的信息网络基础设施。

在金融领域，花旗银行与美国 M1 公司于 1999 年 1 月携手推出了手机银行，客户可以用 GSM 手机银行了解账户余额和支付信息，向银行发送文本信息执行交易，客户还可以从花旗银行下载个性化菜单，阅读来自银行的通知并查询金融信息。美国电信业巨头 AT&T 通过 Cingular Wireless 商业模式，联合 4 家银行，开展了手机银行业务，使移动电话变成了一张信用卡。预计到 2015 年年底，美国手机银行的用户规模将达到 6 000 万人。

日本于 2004 年提出 "u-Japan" 战略，旨在将日本建设成一个任何时间、任何地点、任何物都可以上网的环境。2009 年，日本政府又制定了 "i-Japan 战略 2015"，该战略努力打造智能交通系统和高度物流体系，发展电子政府、医疗和教育三大核心领域，到 2015 年实现以人为本、安心且充满活力的数字化社会，并由此带动整个经济社会，催生出新的活力，实现积极自主的创新。日本政府强调，智慧城市建设以民生为重点，让市民看到实实在在的利益，这一提法得到了市民的充分理解，同时，各地方政府参与智慧城市建设的积极性高涨。

从提高效率、降低成本的角度来看，许多日本企业通过电子商务，切实提高了企业生产、企业经营、库存管理、客户管理和网上采购等环节的效率，效果十分明显，一般降低成本 10%～30%。日本电子商务的特点是：①移动上网成为特色；②便利店（combines）方兴未艾；③多种支付方式并存。

新加坡在 1992 年就提出了 IT2000——智慧岛计划，计划在 10 年内建设覆盖全国的高速宽带多媒体网络。2006 年 6 月又公布了"iN2015"（Intelligent Nation 2015）计划。

为了确保顺利实现该计划的各项目标，新加坡政府专门确定了四项关键战略：①建设新一代信息通信基础设施；②发展具有全球竞争力的信息通信产业；③开发精通信息通信并具有国际竞争力的信息通信人力资源；④实现关键经济领域、政府和社会的转型。

2. 国内智能商务与金融的应用发展状况

商务与金融领域的智能化建设与应用取得了较快发展。特别是在北京、武汉、宁波、厦门、广州等城市所获得的效果更明显。如北京市发布的《智慧北京行动纲要》提出：推广不停车收费系统（ETC）、"电子绿标"等智能化应用；推广"市民卡"（包括社保卡和实名交通卡等），使市民能持卡享受医疗、就业、养老、消费支付等社会服务；推广电子商务应用。武汉市提出的需求最迫切的 15 个重要领域包括：智慧旅游、智慧教育、智慧水务、智慧食品药品安全、智慧社区、智慧物流、智慧空间等。宁波作为国内第一个系统部署建设智慧城市的城市，明确提出"六个加快"重大战略，建设智慧物流、智慧健康保障、智慧信用管理等项目。福建的无线城市群建设中的智能金融部分主要包括无线 POS 应用系统、手机刷卡消费、手机支付、账户管理、金融押运人员身份辨识交接系统、无线销售管理终端等，为方便消费者与拓展消费方式提供了较好的平台。厦门市的网上支付、政务信息化、智能物流、企业信息化及生活信息化等方面的智能应用正在深入。广东明确提出了重点建设包括智慧物流和智慧商务在内的十一大应用领域。在智慧商务方面，提出建立智慧商务支撑体系，支持建立广东国际电子商务信用平台。推动银行、企业跨行业合作，建设安全、快捷、方便的在线支付管理平台，发展在线支付增值服务。

新型技术在商务与金融领域得到了广泛应用。智能商务与金融的建设与发展，必须以飞速发展的信息技术为技术依托，充分利用网络和计算机技术来发展相关业务的新型产业形态。这种形态的革新与进步主要体现在物联网、云计算和网络支付三个主要方面。

各种新兴商业模式快速涌现。电子商务正爆炸式发展。我国电子商务交易总额自金融危机后的2009—2013年间翻了两番，网络零售交易额平均增速为80%。2012年，中国电子商务交易总额为8万亿元，全球排位第二，仅次于美国。2013年，中国电子商务交易额超过10万亿元，成为世界第一（阮晓琴，2014）。

互联网金融成为推动我国金融改革的重要力量。互联网金融是传统金融行业与互联网精神相结合的新兴领域，是指借助于互联网技术、移动通信技术实现资金融通、支付和信息中介等业务的新兴金融模式，它既不同于商业银行间接融资，也不同于资本市场直接融资的融资模式。它包括三种基本的企业组织形式：网络小贷公司、第三方支付公司和金融中介公司。

3. 智能商务与金融的发展愿景

（1）广泛互通，全面感知。以互联网、物联网、电信网、广电网、无线宽带网等网络组合为基础，借助新一代物联网、云计算、决策分析优化等技术，通过感知化、互联化、智能化的方式，将从城市到乡村的物理基础设施、信息基础设施、社会基础设施、城市信息资源和商业基础设施连接起来，通过感知和互联，实现更加智能化的商务和金融活动。

（2）商务融合，城乡无界。智能商务与金融的开展将逐步淡化生产企业的商务活动，传统的采购、销售、物流由专业公司统一承担，实现更加全面的专业化分工；资金的融通和支付逐步由传统银行外的金融机构或金融方式来承担。智能化的商务与金融活动可使城乡界限越来越模糊，缩小城乡差异，助推城镇化和城乡一体化建设，使人们在城市、郊区乃至乡村的生活和工作逐步趋同，同样便捷、轻松、高效。

（3）智能决策，全程服务。包括智能化的决策管控、全程化的电子商务、一站式的金融服务。所有金融节点的专业化服务依托开放的服务平台，互联互通，相互交换信息，形成紧密的分工和协作关系，形成一个个完整的一站式服务包，继而呈现给用户。

（4）交易透明，过程可"视"。客户在更加透明的环境中完成交易，从空前广泛的来源中获取丰富的信息。对供应、库存和销售渠道具有完全可见性。物联网等新技术实现物流作业智能化、网络化和自动化，使整个物流供应链更加透明、高效。

（5）轻松生活，随心随地。以客户为中心，从主动、互动、用户关怀等多角度与用户进行深层次沟通，保证能够适时适地地提供价格合理且符合客户需求的产品或服务、更加便捷的支付结算、更加及时的金融服务以及更加安全的财富管理。随时交易，随地交付，购买地点不再局限于商场，购买时间不再局限于营业期间，商务决策的形成不再局限于会议讨论。

（三）我国智能商务与金融建设与推进的总体战略

1．指导思想

以科学发展观为统领，适应转变经济增长方式、全面建设小康社会的需要，发挥市场的决定性作用，以企业为主体，持续创新和深化应用模式，同时更好地发挥政府作用，加强资源共享，通过重大公共基础设施、服务平台支撑和应用项目试点示范带动，推动商务、金融领域信息化、智能化程度进一步升级，提升国家"四化同步"战略的发展水平。

2．基本原则

（1）需求牵引、企业主体。充分发挥相关企业在智能商务与金融发展中的主体作用，坚持市场导向，充分发挥市场机制配置资源的决定性作用，探索成本低、实效好的商业发展模式。

（2）资源共享、政府推动。对于公共信息资源，在保障安全的基础上，主要依靠政府行政和法律的力量，打破信息壁垒和信息孤岛现象；对于行业信息、企业信息，政府要推动信息安全、信息标准等领域的法规制度建设，为充分的互联互通和信息共享扫除障碍。

（3）创新发展、深化应用。坚持务实创新，选准切入点，注重应用性和实效性，要以人为本、惠及全民，更多地关注民生领域，创造广大群众用得上、用得起、用得好的应用形态，努力实现应用与网络、技术与产业的良性互动。

（4）统筹规划、有序推进。智能商务与金融的框架，不能脱离城市的实际，需要根据不同时期的城市发展战略、技术演进趋势、社会民生需求分阶段有序进行。

3．战略定位

智能化现代服务业成为经济社会发展的助推器。商务与金融服务范围将进一步拓展，服务方式将更加多样，服务质量将更加优质、便捷、安全、高效，对经济转型、价值创造和社会变革的贡献潜力将进一步显现。

重要的战略性新兴产业成为新的经济增长点。智能商务与金融产业的形态将灵活多样，产业规模将迅速壮大，将成为我国重要的战略性新兴产业，还将进一步发挥其在第三产业中的引领作用，带动信息技术、物流、创意产业等相关产业的快速发展和国内市场需求的迅速扩大，成为新的经济增长点。

主要的要素配置市场成为智能城市发展的经济基础。智能商务与金融实现了城市中物质流、资金流、信息流的交互和优化配置，促进城市经济的快速发展；同时，智能商务与金融作为服务业的带头产业，将促进城乡一体化便民服务体系的发展，也将带动居住、工作方式的转变和相关服务业的发展，有利于改变现代城市的空间形态，使城市发展跳过"城市化陷阱"，实现更具可持续性的发展目标。

4．战略目标

总目标：商务与金融领域智能化水平进一步提升，基础设施和服务支撑平台逐步完善，实现相关信息资源的充分共享和深度综合利用；智能商务与金融应用进一步创新、深化，对国民经济和社会发展的贡献度显著提高；智能商务与金融活动在现代服务业中的比重明显上升；智能商务与金融安全保障体系健全、稳定、可靠。

"十二五"期间的具体目标包括以下几点。

（1）建成一批重大基础平台和综合服务平台。建成一批容量宽裕、运行稳定的智能商务与金融基础设施平台，实现全面感知和互联，实现商业基础设施与信息基础设施、社会基础设施、城市信息资源的充分共享和知识发现。

（2）建成一批具有示范效应的重点行业应用。不断拓展智能商务与金融在工业、农业、商贸流通、交通运输、金融、旅游和城乡消费等各个领域的应用范围。推进智能移动商务在农业生产流通、企业管理、安全生产、环保监控、物流和旅游服务等方面的试点应用。逐步开展智能银行、智能证券、智能保险建设，实现银行、证券、保险业务的网络化、移动化经营，探索移动支付、手机银行、客户中心、网上银行、网上证券和网上保险等新型金融服务，为金融客户、员工、管理者和监管部门之间建立一种新的交互和协作模式。

（3）培育一批具有创新商业模式的运营服务企业和金融机构。一方面，推动企业的电子商务向研发设计、生产制造和经营管理等业务集成协同的方向发展。另一方面，加快提升网络增值服务、电子金融、现代物流、服务外包、连锁经营、专业信息服务、咨询中介等新型服务业的智能化水平。同时，培育一批拥有自主核心技术的智能商务与金融领域的研发企业，并形成产业规模。

（4）培养一批适应智能商务与金融建设的专门人才。制定高效、适用的人才培养体系，组织开展智能商务与金融紧缺人才、高端人才和专业技能人才的培养。鼓励行业组织、专业培训机构和企业开展智能商务与金融人才培训及岗位能力培训。

（四）重点建设内容

1. 支持智能商务与金融支撑平台建设

重点支持有条件的企业建设 5 ~ 8 个具有国际影响力的智能电子商城和

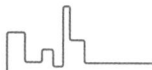

电子商务与金融平台，发展智能商务中心。

（1）引导建立统一数据平台，实现区域性多级商务与金融信息系统各个应用系统之间的数据共享。

（2）支持建立大数据处理中心，辅助智能商务与金融的发展。

（3）支持建设商务云、金融云，并鼓励企业建设商务与金融领域的私有云，实现按需使用、按用计费的模式。

（4）发展智能商务中心。智能商务中心将建设涵盖信息基础设施、接入网络、物联网平台、电子商务、购物引导、信息采集和发布、仓储物流、安防监控、能耗管控等协同工作的统一系统，为顾客、商户和管理者提供良好的服务和支撑功能。

2. 促进重点行业智能化发展

促进现代物流业、电子商务、零售业、银行业、证券业、保险业等重点行业的智能化发展是智能商务与金融发展战略中的重点内容。

3. 助推大型企业智能化进程

鼓励有条件的大型企业和金融机构的电子商务平台向行业智能商务或智能金融平台转化。充分发挥信息化建设起步较早、信息化积累雄厚的电信、银行、保险、医疗、烟草、制造、零售等行业的大型企业的示范和引领作用，有效带动行业内其他企业接受和推广智能商务与金融的应用。深化大型企业智能商务或智能金融方面的应用，提高商务或金融服务水平，提升运营效率，扩展流通渠道和市场空间。

4. 提升智能商务与智能金融机构的服务效率

智能商务与智能金融机构服务效率的提升主要包括以下三方面内容。

（1）更高效。主要通过更透彻的感应度量、更全面的互联互通和更深入的智能洞察三个方面影响商务与金融机构的效率，让客户可以随时随地获得所需的服务以及多种多样的个性化服务，同时也大大降低机构的人力成本，提高工作与服务效率。

（2）更全面。首先，通过对企业的产业链进行数据采集，运用云计算等

技术对一条产业链的各个环节中的资金需求以及所需要提供的个性化服务进行管控，帮助相关工作人员方便地获取来自不同服务渠道的各种所需信息和应用，发现潜在业务和交叉销售的机构，从而全面地为客户服务。其次，智能商务或智能金融还可以帮助客户在交易过程中无缝地在多个服务渠道之间进行切换，减少重复劳动，为客户提供更完美的服务体验。再次，商务或金融机构还可提供许多风险控制工具，根据自身的运营状况和环境变化随时给出风险评估结果，并在关键时刻发出预警，提醒企业采取应对措施，帮助企业掌控和化解风险。

（3）更便捷。通过对各类智能化信息平台的使用，商务或金融机构还可以为顾客提供更加便捷的服务，让客户无论何时何地都能享受到符合自己要求的服务，高效的网络技术能在最短的时间里为客户提供量身定制的服务。

5. 加强商务及金融大数据挖掘和综合开发利用

实现商务与金融信息资源的深度开发，以及与制造、医疗、教育等其他领域信息资源的整合利用，基本满足智能城市各领域的信息需求，促进经济增长方式的转变和资源节约型社会的建设。加快电子商务云、金融云建设，管理和挖掘在社交网络、移动网络、电子商务以及金融机构大型 IT 设施中未加工的松散数据的巨大价值。鼓励企业创新技术，参与大数据处理和分析，拓展相关应用服务，以满足国家和地方经济建设的各种需求。引导和规范服务于智能城市的商务和金融信息资源的社会化增值开发利用。

（五）战略实施保障体系与措施建议

1. 战略实施保障体系的基本框架

（1）智能商务与金融的产业发展过程表现出显著的持续性技术创新的产业发展特征。相对自然资源、土地、一般劳动力而言，以满足高层次专业技术人员为核心的科技创新资源，以及适应高科技产业资金需求特征的多层次资本供给市场，是其最为重要的要素禀赋保障。

（2）面向未来智能商务与金融发展所需要的金融生态环境和市场培育机

制的发展严重滞后。建立以金融体系良性运作发展模式为核心的金融生态环境和以完善的市场培育机制为核心的产业发展政策，就成为实现智能商务与金融发展战略目标最为关键的"软件基础设施"保障内容。

（3）智能商务与金融发展战略具有显著的协同发展的经济关系特征。最为关键在于加强政府在产业发展过程中的组织协调功能，这是智能商务与金融发展战略实施过程中最为重要的组织保障。

（4）一个完善有效的智能商务与金融发展评估体系，是其战略实施过程中进行动态调整的决策保障。

因此，要从最为重要的六个功能维度来构建推动与实施智能商务与金融发展战略保障体系的基本构架（见图A10）。

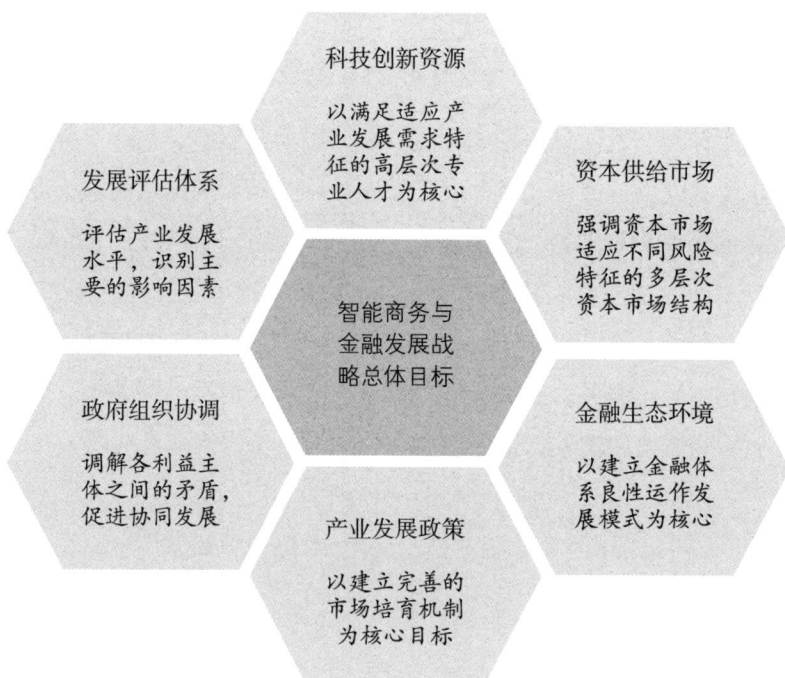

科技创新资源
以满足适应产业发展需求特征的高层次专业人才为核心

资本供给市场
强调资本市场适应不同风险特征的多层次资本市场结构

发展评估体系
评估产业发展水平，识别主要的影响因素

智能商务与金融发展战略总体目标

金融生态环境
以建立金融体系良性运作发展模式为核心

政府组织协调
调解各利益主体之间的矛盾，促进协同发展

产业发展政策
以建立完善的市场培育机制为核心目标

图 A10　实施智能商务与金融发展战略保障体系的基本框架

2. 战略实施保障的措施与建议

强化政府组织协同，全面提升协调服务功能。强化信息化工作各级领导组织部门的纵向协同关系；强化领导组织部门与产业发展主管部门间的横向协同关系。

完善产业发展政策，促进社会资源优化配置。构建全面的智能商务与金融产业发展的政策支撑体系；加强各类产业发展政策的兼容性；注重各项政策在实施过程中实际效能的提升。

优化金融生态环境，保障金融体系良性运行。完善外部监管制度，保持金融体系安全稳定运行；深化金融体制改革，祛除金融产权的制度性缺陷；加强全社会范围内的信用体系与信用制度建设。

加速基础设施建设，建立统一信息管理平台。构建集信息完整性与安全性于一体的多层次信息网络平台；加强基础数据库建设；积极探索建设产品云、物流云、金融云，推动新一代信息技术在智能商务与金融领域的广泛应用。

完善价值创造模式，发挥各类经营主体功能。充分发挥产业链中运营商的主导作用和解决方案提供商的支撑作用。

十二、《中国智能城市时空信息基础设施发展战略研究》摘要

时空信息基础设施与网络基础设施、感知基础设施、云计算中心基础设施共同构成了智能城市的基础设施。

（一）智能城市地理信息基础设施

智能城市时空信息基础设施主要包括时空基准、统一信息资源管理与服务平台、时空数据资源、支撑体系等。

时空基准提供目标定位、数据融合、多传感器集成的基准框架；统一信息资源管理与服务平台提供海量、多源、异构城市数据的集成、管理与网络化服务；时空数据资源主要包括时空信息基础数据和动态感知时空数据，后者则包括移动目标数据、监控数据、城市居民兴趣点数据、应急管理数据等动态增量数据；支撑体系包括技术体系、政策与标准体系。

（二）建设目标与思路

1．建设目标

在数字城市地理空间框架基础上，以新一代信息技术为核心的先进技术为推动，以高度信息化时代城市系统的全面感知、全面互联、深度整合、协同运作、智能服务为目标，建立城市实时空间数据信息流的动态获取、融合、处理、决策与服务的泛在实时服务体系，在数字城市的基础上实现泛在、实时、智能的信息服务，带动经济、生活、社会及城市管理进入智能化发展阶段。

2．建设思路

针对智能城市时空信息基础设施"基础、公共、产业"的特性，从国家层面确立时空信息基础设施是智能城市各类信息加载接入、管理发布、统计分析、决策服务的统一、权威的公共信息平台，建立"国家控制顶层设计、政府承担基础投入、行业与社会引导服务需求"三结合的发展模式，改变单一依靠国家投入的建设发展模式，以时空信息产业促进时空信息基础设施建设自主发展能力的形成。

以时空信息和动态更新为核心，进行数字城市地理空间框架的丰富、扩展和提升，依托智能城市网络基础设施、感知基础设施、云计算中心基础设施，建设多源、多尺度、统一的动态地理空间框架。

以数字城市地理空间框架为基础，将"空间基准"提升为"时空基准"、将"二维地理信息＋三维可视化表达"提升为"统一时空基准的四维地理信息"、将"事后分析＋辅助决策"提升为"实时分析＋实时决策"，将"数据服务"提升为"地理信息服务"；加强包括时空基准体系，地理空间信息集成管理平台，智能感知、接入与融合平台，智能分析、决策与服务业平台等在内的地理信息基础设施建设；组织力量对描述各种类型传感器及其相互联系的通用规范编码框架、统一时空下的多源传感器信息实时接入与关联、多源异构信息的自主加载与内容融合、面向变化的高效信息更新等核心技术进行科学攻关。建立配套的法律法规、规范标准体系，促进时空信息基础设施建设的规范化发展。

（三）建设内容

按照统一标准整合城市范围内政府部门、企事业单位和社会公众需要的时空信息资源，建成以基础地理信息数据库为框架的分布式数据库，实现国家、省、市、区（县）多级一体的时空信息资源服务平台的互联互通和信息资源的共享。开发数据发布、共享、交换、服务的网络体系和综合服务平台，通过在线服务方式，为政府部门、企事业单位和社会公众提供权威、准确、现势性强的时空信息服务和功能服务。建立跨部门、跨行业、跨网络、跨平台、高服务聚合、高重用性、高可用性、低门槛的共享、交换与更新的管理体制和运行机制，以及相关标准规范和安全支撑体系。

1. 建设时空信息集成管理平台，形成智能城市数据中心

要在数字城市基础地理信息数据库的基础上，丰富多时相的基础地理信息数据和全景影像、点云等新型产品数据，针对实体化对象数据添加时间属性，形成时空信息数据集，获取并规范物联网节点的名称和位置，并统一分类与编码，形成 IP 地址、二维码等静态和动态两类物联网节点地址数据集，构建时空信息数据库；通过对数据中心的海量异构多源空间数据集功能和集成管理等方面的提升，实现包括二维、三维、元数据信息的各类数据存储，为智能城市提供直观的展现平台，为物联化、互联化、智能化提供基础和支持。

构建统一的数据资源共享与交换平台和信息资源交换体系，实现包括城市各类数据资源、媒体资源、业务资源等在内的信息资源共享与交换，构建统一的服务注册中心、全局服务目录、资源状态的运行与维护控制、授权认证管理，全面实现统一交换管理、统一授权管理、统一运维控制；构建海量智能城市时空数据仓库，为城市信息的在线分析奠定基础，包括：城市多源异构时空数据表示模型、城市时空基准与地址编码方法、多源异构信息的快速整合方法、城市基础设施与部件监测信息管理方法、时空数据快速变化检

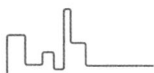

测与实时更新方法、时空数据压缩与多维可视化方法。

2. 动态信息智能感知、接入与融合平台

建立"时空信息 + 传感网 + 物联网"的多源数据集成框架体系，形成结合地上、地表和地下以及静态和动态、室内和室外，全面覆盖、互为补充的城市信息感知和获取途径，建立适应多种卫星、多频、多模信号的新一代定位服务系统，多角度地反映城市状态。针对城市多源异构传感器实现互联、互通、互操作的需求，建立描述各种类型传感器及其相互联系的通用规范编码框架，实现统一时空下的多源传感器信息实时接入与关联、多源异构信息的自主加载与内容融合、面向变化的高效信息更新等，建立多源信息实时接入、异构信息自主加载、面向智能城市的分布式、多源、异构信息管理平台，对时空信息进行一体化组织与处理，从而形成具有按需服务能力和强大的空间数据管理和信息处理能力的时空信息基础设施。

3. 基础地理信息云服务平台

数字城市地理空间框架支撑环境向"云模式"拓展。在软硬件基础设施、公共服务功能、系统数据提供等方面都要向"云"模式进行转化。通过这种模式减少资金的投入，缩短建设的周期，提供更好的服务支持。此外，支撑智能城市业务应用系统的快速构建。基于信息服务网络中各种信息服务平台提供的搭建配置开发技术，系统开发人员可根据需求，调用、组合、装配、加工部署网络中的各种信息服务并快速构建满足业务需要的应用系统。在云架构下重点建设如下三个平台。

（1）智能分析平台。基于多源、多时态的地上下、室内外地理空间信息以及实时接入的各类传感器数据开展数据挖掘和知识发现，通过实时过程模拟方法、地理空间统计方法、聚类方法、关联分析、分类与预测分析等研究工作，建立面向不同专题和领域的专家知识库，从时空信息数据库中挖掘时空系统中潜在的有价值的信息、规律和知识。利用地理计算模型与方法、动态信息的实时分析技术，实时反映空间要素的相互关联及其动态变化，实时监测城市异常事件，利用视频信息进行时空信息数据更新，提高地理信息应用的智能化水平，为研究和解决复杂问题提供有力的工具。

（2）智能决策平台。依托信息资源集成管理平台和综合信息集成共享平台，集成异构数据的智能分析与建模方法，构建智能服务、决策支持与协作平台，提供面向多层次、多用户的决策支持能力，为城市运行管理、建设规划、应急指挥和决策支持奠定基础。主要工作包括：多源数据智能挖掘分析、智能空间分析统计、智能视频检索分析、分析决策模型仿真、领域知识库构建和辅助决策、决策模型服务链智能组合等。

（3）智能服务平台。遵循"开放的标准—服务封装—服务注册—服务组合"思路，抽取行业应用的业务流程和功能需求，将部分核心功能从与行业密切相关的流程中剥离出来，包装成面向不同行业的通用服务，提供对外服务接口，提供面向示范行业的应用。

4. 保障体系

建立"跨部门、跨行业、跨网络、跨平台、高服务聚合、高重用性、高可用性、低应用开发技术门槛"（四跨三高一低）的共享、交换与更新的管理体制和运行机制，以及相关标准规范和安全支撑体系。

（四）推进战略

1. 推进路线

采取"国家控制顶层设计、政府承担基础投入、行业与社会引导服务需求"三结合的发展模式，按照"整体规划、阶段实施、信息共享、全面提升"的推进策略，实施时空信息基础设施建设。

（1）加强现有时空信息基础设施（基准、框架数据、数据库、地理信息系统）整合，建设通用的基础数据库，整合全市信息化基础设施。制定智能城市时空信息基础设施配套的标准规范、评估指标和考核体系。

（2）对行时空信息数据资源、平台、系统进行重点升级、更新建设，重点是消除信息孤岛，建立空间信息共享与交换平台，实现信息共享和系统之间的互联、互通、互操作。

（3）全面落实智能城市时空信息基础设施建设内容，建成可全面支撑智能城市的具备一体化、智能化地理空间信息采集、处理、存储、管理、服务能力的智能城市时空信息基础设施。

2. 突破关键技术

针对智能城市多源异构传感器信息在互联、互通、互操作中的问题，发展描述各种类型传感器及其相互联系的通用规范编码框架、统一时空下的多源传感器信息实时接入与关联、多源异构信息的自主加载与内容融合、面向变化的高效信息更新等核心技术，建立多源信息实时接入、异构信息自主加载、面向智能城市的分布式、多源、异构信息管理平台，对时空信息进行一体化组织与处理，从而形成具有按需服务能力和强大的空间数据管理和信息处理能力的空间信息基础设施。

（1）时空数据组织管理与分析应用，包括分布式集成与共享、动态融合、时空数据同化等。支撑软件包括（网格化）地理信息系统（geographic information system，GIS）、遥感信息系统、三维可视化软件、分布式数据库系统等。

（2）现有 GIS 难以满足多源异构传感器信息的实时接入、融合处理与高效动态更新管理，急需开展面向多源传感器信息的 GIS 关键技术攻关。

（3）现有的地理信息共享与互操作技术尚未系统地考虑多源异构传感器的实时观测信息，需要突破统一时空体系下的传感器信息实时接入与关联技术，建立多源异构传感器信息需要统一接入与加载标准。

（4）为了自主形成面向主题的综合信息，需要具有多源异构信息的加载与融合能力。

（5）面向海量传感器信息，需要提供基于异常变化发现的数据更新机制。

（6）实现面向城市运行的空间信息智能处理，需要建立支撑城市综合管理的时空信息实时接入、动态加载与综合集成平台。

3. 政策法律保障

智能城市时空信息基础设施政策法律保障的建设内容主要包括如下四个

方面。

（1）政策层面。对我国智能城市时空信息基础设施的现有相关政策进行全面梳理，并开展政策机制研究，通过明确时空信息基础设施的发展导向、重点领域、保障机制，向国务院报送相关情况报告和建议，提请针对智能城市时空信息基础设施建设工作进行全面部署，出台相关政策作为工作开展和推进的依据。

（2）法律层面。参考数字城市地理空间框架法律法规体系，围绕智能城市所需时空信息基础设施的建设需求，厘清现有相关法律法规的制定情况和边界，针对当前急需的、尚无依据的问题进行研究，并成立相关委员会，在全国人大上提出对应法律案，完善智能城市时空信息基础设施相关立法。

（3）规划层面。在各级政府层面将"智能城市"时空信息基础设施建设纳入规划。当前全国大部分城市从信息城市、数字城市过渡到智能城市的条件尚不完全成熟，而条件较好的城市将注意力主要放在通信基础设施、计算基础设施等方面，在建设和应用时空信息基础设施上没有达成共识。因此，在规划方面，应尽可能争取相关政策支撑和保障，依托法律法规规范建设工作，将智能城市时空信息基础设施建设纳入到国家、省、市各级的"十三五"规划中。

（4）规范层面。目前，由于规范标准不统一，各个城市生产的信息和应用系统无法对接，智能城市的建设反而形成了一个个新的信息孤岛，建设和应用时空信息基础设施的方式和依据也五花八门。因此，从国家的层面建立基础的标准规范，并推广到各个省、市，由下级行政部门和相关机构在规范的基础上再形成符合各地实际的地方标准。

（5）管理制度。由于当前信息行业、通信行业、测绘行业等都参与了智能城市建设，需要从管理机制上确定管理机构和配合部门，明确各项职能，以保证建设工作顺利开展。

（五）措施与建议

1. 确立国家时空地理信息基础设施的地位，防止重复建设，实现信息的高度共享

时空信息是智能城市各类信息以及整合各类信息的载体。因此，应建设统一的、权威的国家时空地理信息公共平台，建立以地理信息为基础的各类信息整合机制与制度，催生地理信息产业新的增长点。

2. 制定行时空信息数据共享开发政策

时空信息数据是智能城市发展的驱动力，能够引发生产力与生产关系的巨大变革，以数据为核心竞争力的时代已经到来。国家基础数据、行业数据、政府数据等将形成大数据资源，这些资源产生的垄断性利益日益凸显。当前，"重保密、轻共享"现状将形成大数据价值开发和产业的障碍。只有制定智能城市行时空信息反垄断与共享开发政策，打破行业垄断，才能催生智能城市信息服务模式和信息产业新的增长点。

十三、《智能城市评价指标体系研究》摘要

本课题组由中国工程院和德国工程科学院（acatech）联合组成，通过系统地梳理国内外现有的智能城市评价体系，理出了我国现有 7 套、北美与西欧 5 套最有影响力的评价指标三级构成体系，并分别就研制主体类型、评价体系建构的时代、智能方向和层级、对评价指标体系构成的影响进行了剖析，结合各地方政府和企业推进智能城市的实践，提出了体现智能城市内涵的智能评价指标体系，期待对中国和世界其他地区的城市运用同样的逻辑思路和方法，进行类似的评价和比较，促进世界各地的智能城市在交流中向着更加可持续的方向共同进步。

建构智能城市的评价体系的目的在于通过评价引导城市智能化的发展方向，推动智能城市的品质，聚焦城市智能化的根本目标：

（1）智能城市不能没有基础设施的信息化，也不能仅仅是基础设施的信息化；

（2）智能城市通过信息技术推进城市发展创新，成为集约、智能、绿色、低碳的新型城镇化道路的推进器，促进城市社会、经济、环境三大领域的可持续发展，所以智能城市评价体系应包括城市可持续发展的主要绩效指标，但不能仅由此替代城市智能化水平；

（3）城市的智能化发展不能脱离市民的文化素质和智能创造能力，人是智能城市的服务对象，也是智能城市发展的根本动力，因此智能城市的评价标准不可忽略市民的文化素质与智能创新能力。

（一）中欧智能城市评价标准问题总结

本课题选择了多个国内外智能城市评价体系进行剖析，包括国内的《住建部智慧城市（区、镇）试点指标体系》《工信部智慧城市评估指标体系》《国脉公司智慧城市发展水平评估》《工程研究会智慧城市（镇）发展指数》《浦东智慧城市指标体系》《南京智慧南京评价体系》《宁波智慧城市发展水平评估》，欧洲的《TU WIEN 指标体系》《Ericsson 指标体系》，以及北美的《Int'l Digital Corporation 指标体系》《Intelligent Community Forum 指标体系》《IBM 指标体系》等。在对以上现有评价体系的三级指标全面研究的基础上，本课题组指出现有的指标体系研制中面临的几个方面的问题。

1. 有的评价体系偏重信息化基础，忽视城市可持续发展的核心本义

这些评价体系中，大部分针对智能城市的评估都强调信息化基础设施的建设和新技术在各个城市系统中的应用，更关注硬件投入而非智能的服务产出。实际上，智能城市的目标是城市整体的和谐可持续发展，信息化和技术作为工具和途径应该以服务目标为宗旨。在能够达到相应目标的情况下，更应该优先选择简单化的低技术解决方案。片面强调技术发展的评价体系有可能会造成诸如技术堆砌等问题。

2. 偏重统一性，忽视城市特性

城市智能化应该注重城市发展的特性培育，通过评价体系引导，容纳更多城市发展问题导向的特性，引导城市各自独特的品牌塑造，形成智能城市多样化的生态。

3. 评价体系刚性标准，忽视发展弹性

现有的评价体系，从评价体系研制主体可以分成三类：国家部委、企业以及第三方专业团体。评价一般针对一般性的对象城市或城区、社区等，各地方城市则针对特定的城市需求。前者的指标体系过于刚性，对所有评估对象一刀切，缺乏对不同城市发展差异的充分考虑；后者具有强烈的针对性，往往在某类城市中可以较好地运行，具有时间序列上的一贯性和比较意义，对于其他城市的移植评估则不一定具有参考意义。智能城市的评价应有一定弹性范围，对多元智能城市类型和尺度进行评估和引导，具有更强的适应性。

4. 指标数据的获取和操作难度大，缺乏国际通用性

现有评价体系的部分指标，如"智能城市发展规划纲要及实施方案""组织机构""政策法规"等，地域性概念过于僵化，其数据难以量化和收集获取，无法指向具体的应用、操作和推广，也不具有国际通用性和普遍适用性，不利于与世界其他国家和地区进行比较和诊断。

5. 偏重当前状态，忽视发展趋势

智能城市的发展，在时间序列上的衡量应该包括两个方面：当前状态和未来状态。智能城市应该是对未来可持续发展有所预期的。有些现有评价体系的指标基本集中于对城市当前状态的静态评价，对城市各个系统的指标进行量化和比较，缺少对城市未来发展趋势和变化率的判断。即使城市现有的静态评价很高，但如果城市处于衰退中，就应该被评估为非智能的发展趋势和状态。

（二）智能城市建设评价指标体系构建

1. 智能城市评价体系研制组

本课题组邀请了中国、德国、瑞典、荷兰工程院的院士共同参与了研制工作，代表了极高的学术水平和国际影响力。

2. 智能城市评价体系研制方法

本课题基于智能城市的建设，是一个国际性的新型提升。智能城市建设发展急需一个国际上可以普遍适用的智能城市评价标准，从而在全球范围展开比较，获得认可。智能城市评价体系需要将可持续发展要义作为核心，在重视技术提升的同时，重视人素质的提升，重视城市发展过程及趋势，并获得国际城市、企业、学术界公认。

本课题在确定智能环境与建设、智能管理与服务、智能经济与产业、智能硬件建设、居民智能素养五大分类框架的基础上，针对每一类别选择具有代表性的评价项共 20 项（见图 A11 和图 A12）。若这些评价项之间的相关性过大或表征智能发展的对象一致或近似，取其中较容易获得连续数据的评价项，以及具有一定国际比较性的评价项进入体系。在评价项的获得方面，改变过去以年度统计公报为主的数据获得方式，转而选择以网络智能获取数据的方法，使评价结果可以实现动态更新，更加迅速、智能地反映城市发展建设情况。在形成初步指标后，需要对不同的评价项进行归并。本课题组通过广泛的德尔菲法（Delphi Method）专家咨询，向中国工程院项目研究组内部的院士、专家发放了 56 份问卷，对指标进行修正，对具体指标项进行适当增减，以解决评价体系不匹配的问题。

3. 智能城市案例选择

2013—2014 年期间，智能城市评价指标体系经过了多次试评价，并依据评价结果对评价指标项进行了调整。在试评价过程中，参评城市选自住房和城乡建设部在 2012 年和 2013 年公布的两批国家智慧城市试点共 193 个城市。

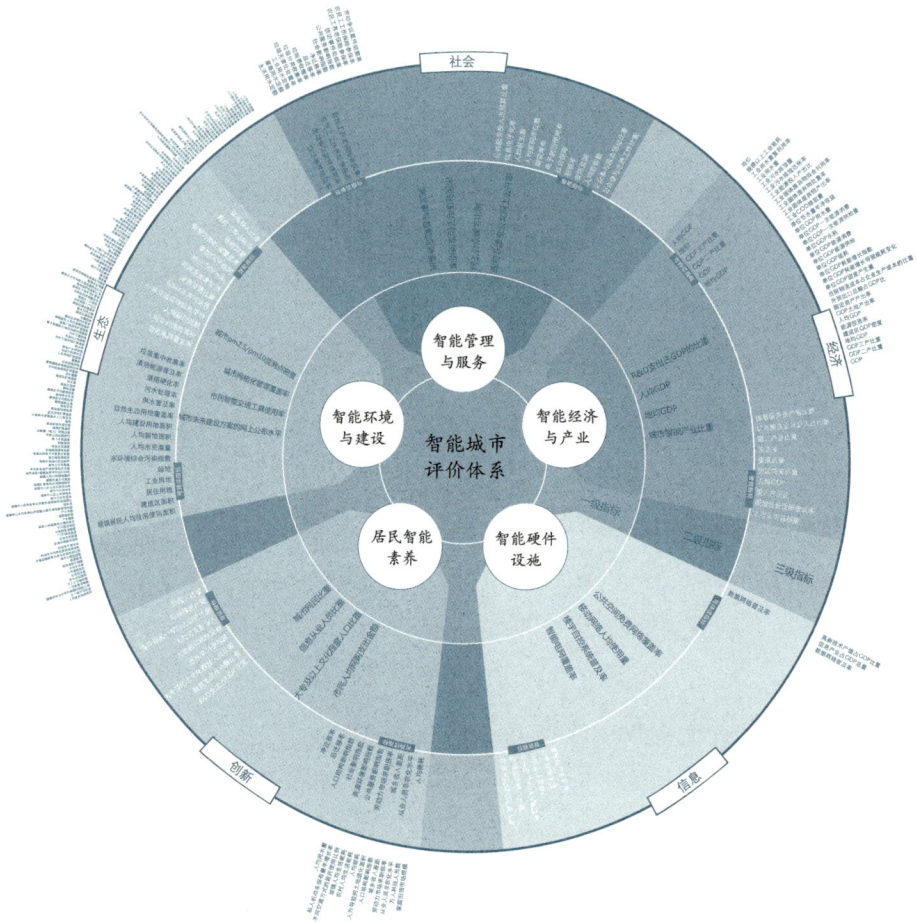

图 A11　智能城市评价体系架构

本课题组首先在智慧城市试点名单中选择地级以上 33 个城市进行试评价（选择试评价对象的条件是，被选城市基本都具有一定的智能城市发展基础），按照上述方法得到这 33 个试评价城市的综合评分。综合评分排名前五位的城市分别是金华、宁波、珠海、温州、武汉。

4. 智能城市试评价的结果评价

在城市环境的智能化建设方面，得分最高的东营、威海、金华等城市，得分均在 85 分以上，得分最低的乌海、辽源、南平等城市，得分在 40 分以

I–Governance

智能管理与服务

市民健康电子
档案使用水平　　网上公众
　　　　　　　　参与比例　　政府非涉密公文
突发事件　　　　　　　　　　　　网上公开度　城市未来建设方案
应急水平　　　　　　　　　　　　　　　　　的网上公布水平
R&D支出占
GDP的比重

I–Economy

智能经济与产业

城市劳动
生产率

城市产值密度

I–Eco-Environment

智能环境与建设

城市网格化
管理覆盖率

城市智能
产业比重

城市PM2.5/PM10
监测点密度

城市网民比率

0
10
20
30
40
50
60
70
80
90
100

I–Civilian

I–Infrastructure

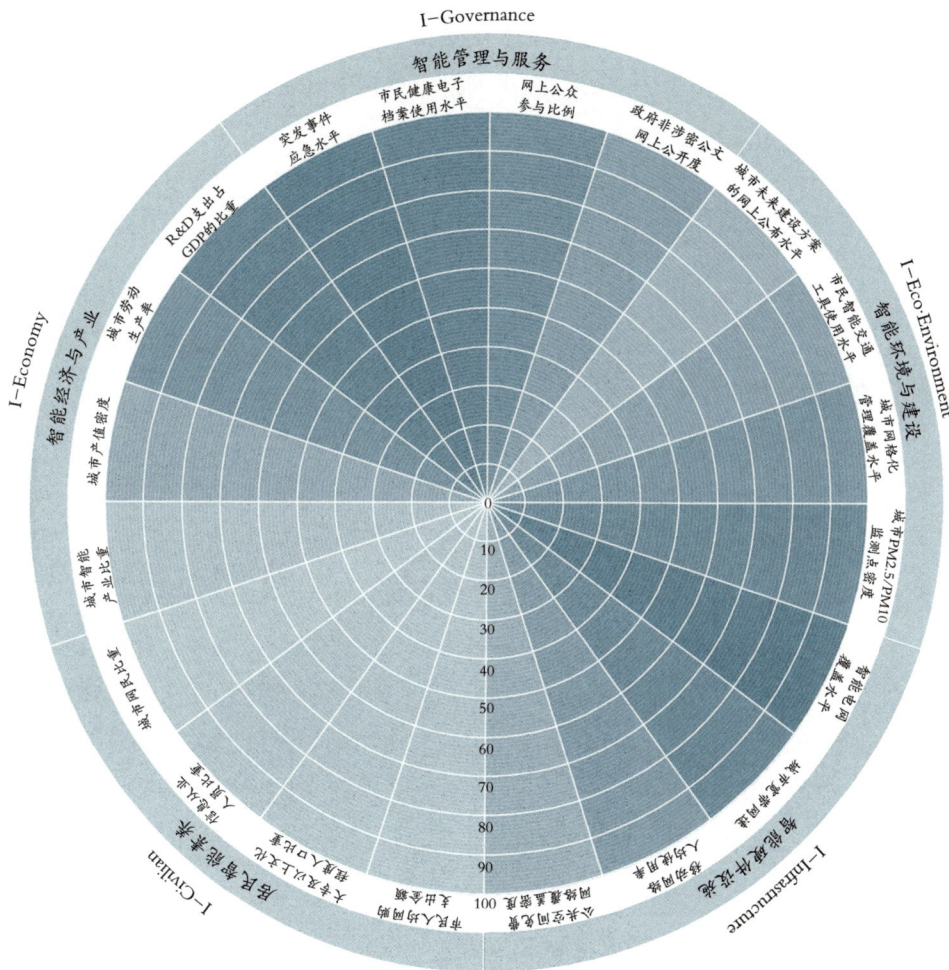

图 A12　智能城市评价体系（单位：分）

下，最高分比最低分高出约 3.5 倍。这种现象说明：虽然东部经济发达地区城市用于环境智能化建设的投入较大，但同时由于这些城市的环境质量正处于高污染状态，所以在智能环境与建设方面并没有凸显出来。于是一些环境质量较好的城市位于领先状态，包括沿海地区的部分中等规模城市如东营、威海、金华。

在城市政府智能管理与服务方面，得分最高的上海浦东、南京、宁波等，分值达到 70 分以上，而得分最低的廊坊、邯郸等，分值低于 25 分，之间的差距近 4 倍。这说明，许多城市在社会生活的智能化服务和政府的智能化管理方面，还有很大的提升空间，可以通过智能城市的建设，加快城市社会治理的现代化提升。

在城市经济与产业的智能化建设方面，除拉萨之外，最高得分和最低得分之间相差约 4 倍，说明经过过去 30 多年的经济改革，各城市无论位于发达沿海地区还是内陆地区，对智能技术用于促进本地经济发展的贡献都有相当充分的认识。那些用于促进本地经济发展的智能信息技术，会以较快的速度在其他城市传播。

在城市智能化硬件设施建设方面，得分较高的城市，其总得分与该城市硬件设施的得分相关度很高，硬件板块中得分最高的金华、珠海、温州、常州达到 60 分以上，而一些排名较低的城市只有 6 分左右，差距达 10 倍。因此，可以看出，智慧城市的总排名受到智能硬件建设板块的影响较大。

在城市居民智能素养方面，得分最高的金华、温州、廊坊、珠海等城市达到 50 分以上，而得分最低的城市如辽源、六盘水仅有 10 分左右，相差 5 倍多，虽然板块内的分数差距已经足够引起城市地方政府的高度关注，应该在城市居民智能素养方面大力提升，但是相对于城市之间智能硬件方面 10 倍之差，还是相对比较均质的。

总体上说，智能城市的评价指标体系克服了脱离智能技术的纯社会、经济、环境指标体系，又将智能要素与城市可持续发展的社会、经济、环境指标进行了紧密的连接。此版的评价体系正式推出，可对全国近 200 个试点的智能/智慧城市进行全面评价。

本课题组建议，尽快在下一阶段与欧洲科研机构联合推进对欧洲智慧城市的试评价。同时在国内对智慧城区和智慧开发区的建设进行试评价，并尽快推出智能城区和智能工业园区的相应评价体系。

（三）智能城市评价体系推进策略

1. 协同欧洲，接轨国际，形成具有权威性的第三方评价指标体系

本课题组已经与中国工程院、德国工程科学院、瑞典皇家工程院、荷兰

工程院等国际知名权威研究机构达成合作共识，加强智能城市评价体系的合作。在中欧城镇化协同发展的平台上，实现智能城市评价体系的相互借鉴与学习，建设在中国和欧洲都具有权威性、获得广泛认同的第三方评价指标体系。同时，通过智能城市评价体系在中国和欧洲各地多背景下的评价实践，促进本评价体系的不断发展与进化。

2. 联合亚洲与美洲，开展与专业院校机构的学术合作

同步推进中国与其他亚洲国家、美洲国家之间的合作，特别加强与韩国、新加坡、美国等主要发达国家在学术上的交流，建立长期交流互访与定期会晤机制，构建覆盖全球的智能城市发展网络，吸纳专业人才以支撑智能城市评价体系的进一步提升与完善，促进智能城市自身的发展与进步。

3. 尽快发布新版智能城市评价体系，建立年度更新与报告机制，先行先试，在实践中不断完善

本课题组的智能城市评价体系成果作为试验版本，在已有试验试行城市的基础上继续深化与完善，形成包括"评价体系""评价更新机制""评价推进策略"在内的后续成果，尽快发布新版《智能城市评价指标体系研究》，并形成针对参评城市和备选参评城市的具有可操作性的推进和指导建议。

越来越多的城市提出申报智能城市并进行评价，可以不断促进评价体系的更新和完善。将城市的实际发展状况和目标城市群的整体发展水平作为指标修正和更新的依据，先行先试，在实践中不断完善智能城市评价体系。

4. 实时吸纳，动态评价，对全部已宣布智能化的城市进行跟踪与诊断

建立全国智能城市数据总库，对所有公布建设目标为智能城市的城市地区进行全面覆盖，实时网罗新增的城市地区，建立非智能城市的预警机制，对总库内的所有城市进行动态跟踪评价，包括独立单体评价与群落总体评价，定期公布评价结果，发布动态实时的智能城市排行榜，提出对城市智能建设的诊断建议，增强评价体系的工具性和普适性，为评价体系的不断改进积累基础信息与实践经验。

5. 加强与地方政府的密切合作，推进智能城市评价体系的落实推广与反馈提升

在参与本评价体系测评的城市的基础上，强化与地方政府的互动，达成落实推广协议，共同构建地方政府与专业评价机构的常态交流机制，建立更加频繁、稳定的评价体系机制。

根据评价体系的各项测评，发现和指导各地智能城市建设的弱项和不足，及时对城市实施政策进行修正和调整。同时，通过地方政府推广使用评价体系，使智能城市的评价获得更为可靠的数据来源，获得评价体系的实施反馈和整体提升。

6. 搭建市民评价网络平台，获得百姓真实反响，实现监督效应，形成自下而上的全民参与

智能城市评价体系需要来之于民，也需要真正服务于民，强调来自于市民的真实感受，形成针对评价过程、评价结果的反馈机制，网络公示评价体系计算方式以及排行结果，搭建专业分析机构与市民的网络信息交互平台和网络监督渠道。充分吸纳民意，形成对智能城市评价体系的自下而上的反馈机制。

与此同时，通过评价体系的推广，加强智能城市理念的宣传，提升公众对智能城市的认知与判断，提升居民的智能化素质。专业测评机构还可以参考公众参与、民意反馈等信息形成分析报告，作为年度智能城市评价体系的成果之一。

阿里巴巴集团研究中心，2009. 新商业文明浮现——2009 年度网商发展研究
　　报告 [R]. 杭州：阿里巴巴集团研究中心.

方宗晓，2011. 富阳将用五年时间打造"智慧城市" [N]. 富阳日报，
　　2011-07-22.

甘绮翠，HARRELD J C，姜一炜，等，2009. 智慧地球赢在中国 [R]. IBM
　　商业价值研究院.

李国杰，2013. 智能城市建设与大数据技术 [R]. 贵阳：生态文明贵阳国际
　　论坛.

罗文，2014. 德国工业 4.0 战略对我国推进工业转型升级的启示 [J]. 工业经
　　济论坛 (4)：1-2.

毛光烈，2014. 购买云服务是一场体制大变革 [J]. 信息化建设 (3)：24-26.

阮晓琴，2014. 2013 年中国电商交易额超 10 万亿元 [N]. 中国证券报，
　　2014-01-13.

施妍，谈杨苏，2012. 湖州开展试点　三年打造"智慧工业"框架 [EB/OL].
　　(2012-04-11)[2014-08-01]. http://zjnews.zjol.com.cn/05zjnews/system/20
　　12/04/11/018404905.shtml.

童明荣，2010. "智慧城市"建设：制造业企业转型升级的新机遇 [J]. 宁波
　　经济：三江论坛 (11)：15-17，21.

汪成为，2013. 第五次产业革命与 Cyber 战略 [R]. 北京：中国工程院，2013.

徐烨檬，2012. 顺德成国家首个智能制造试点 [N]. 南方日报，2012-02-20.

ATLANTIC COUNCIL, 2013. Envisioning 2030: US Strategy for the Coming
　　TechnologyRevolution[R]. Washington, D.C.: Brent Scowcroft Center on
　　InternationalSecurity.

EUROPEAN COMMISSION, 2005. i2010: The next five years in Information

Society[R].Brussels: eEurope Advisory Group.

EUROPEAN COMMISSION, 2004. MANUFUTURE—a vision for 2020: Assuring thefuture of manufacturing in Europe[R]. Luxembourg: Office for OfficialPublications of the European Communities.

KAGERMANN H, WAHLSTER W, HELBIG J, 2013. Securing the Future of GermanManufacturing Industry: Recommendations for Implementing the StrategicInitiative INDUSTRIE 4.0, Final Report of the Industrie 4.0 WorkingGroup[R]. Berlin: Forschungsunion im Stifterverband für die DeutscheWirtschaft e.V.

索 引
INDEX